AI

VR
AR

Metaverse

Edutech

Storytelling

World Building

에듀테크 트렌드

메타버스 편

박찬·변문경·이지은 저

메타버스 세계관·방탈출 스토리텔링
메타버스 ZEP·LMS·잼보드(Jamboard)
패들렛(ko.padlet.com)·카훗(Kahoot)
3D 메타버스 모질라 허브(hubs.mozilla)
스팟(SPOT)·스페이셜(Spatial)
NFT 제작 및 메타버스 연동
메타버스 행사 운영 노하우
수업운영 FAQ

베스트셀러
메타버스FOR
에듀테크
저자진

공한 메타버스에는 세계관이 있다!

성전자 교육용 메타버스 개발자의

관 및 스토리텔링 융복합 기획 개발 노하우

메타버스 구축 프리미엄 ZEP 활용 전략

다빈치Books

에듀테크 트렌드: 메타버스 편

| 초판 1쇄 인쇄 | 2022년 12월 1일
| 초판 1쇄 발행 | 2022년 12월 12일

| 저 자 | 변문경, 박찬, 이지은
| 총괄기획 | 변문경, 이유진
| 책임편집 | 문보람
| 디 자 인 | 오지윤
| 인 쇄 | 영신사
| 종 이 | 세종페이퍼
| 홍 보 | 박연재, 박정연
| 제 작 | 박정연
| IP 투자 | ㈜메타유니버스 www.metauniverse.net
| 펴낸 곳 | 스토리피아, ㈜메타유니버스
| 유 통 | 다빈치books
| 출판등록일 | 2021년 12월 4일
| 주 소 | 서울특별시 중구 청계천로 40, 14층 7호
　　　　　서울특별시 마포구 월드컵북로 375, 21층 7호
| 팩 스 | 0504-393-5042
| 전 화 | 070-4458-2890
| 출판 콘텐츠 및 강연 관련 문의 | moonlight@metauniverse.net

에듀테크 트렌드:
메타버스 편

박찬 · 변문경 · 이지은 저

메타버스 현업인들의 관심사를
세계관과 스토리텔링, 플랫폼 구축,
수업 활용의 3개 분야로 나눠 소개합니다.
메타버스와 연결되는 에듀테크 최신 이슈와
트렌드를 확인할 수 있습니다.

목차

Prologue

<메타버스 FOR 에듀테크>를 2021년 9월에 출간하고 1년 남짓 지났습니다. 그사이 교육에서, 채용에서 그리고 각종 이벤트와 행사에서 메타버스를 활용하고자 하는 열정 넘치는 분들을 많이 만났습니다. 저희가 가진 노하우를 일일이 공유할 시간이 모자라 함께 프로젝트를 했던 분들과 <메타버스 교육 프로젝트>, <메타버스 환경 교육 프로젝트 FOR 에듀테크> 등을 출간하여 메타버스 기획과 구축 그리고 활용에 도움이 되고자 했습니다. 또한 <메타버스와 함께 가는 문화예술교육> 책까지 기획·출간하면서 메타버스를 활용해 에듀테크를 실천하는 분들과 아이디어를 나누고 공유해왔습니다.

그와 동시에 저희는 수많은 대학, 기업, 기관의 메타버스를 기획하고 구축하는 기회를 얻었습니다. 삼성전자의 국내외 채용박람회를 2년째 운영하고 있으며, 메타버스로 국내뿐 아니라 글로벌 신입사원 오리엔테이션을 진행했고 DS 부문 안전교육도 메타버스에서 진행했습니다. 삼성전자가 메타버스를 도입하고 적용하는 속도를 보면서, 초일류 기업의 혁신과 발전 의지를 느낄 수 있었습니다. 또한 많은 대학의 성과 발표 행사를 메타버스로 진행했으며, 수업 운영을 지원하고 강의를 하게 되었습니다.

그사이 축적된 노하우를 <메타버스 FOR 에듀테크 2>에 남아 출간하려고 할 때쯤인 2022년 3월, ZEP 메타버스 플랫폼이 정식 출범했습니다. 2021년 12월에 베타 오픈 한 ZEP은 처음에만 해도 한 평면에 500명 이상이 접속할 수 있고 네트워크가 안정적이며 그래픽이 좋다는 차이점이 있을 뿐, 게더타운과 비슷하다고 생각했습니다. 그런데 거의 매일매일 업데이트되는 ZEP의 성장 과정을 지켜보면서 남다른 ZEP 개발자들의 세계관을 느꼈습니다. 게더타운이 2D 메타버스 플랫폼 분야의 퍼스트 무버였다면, 패스트 팔로워인 ZEP은 하루하루 더 빠르게 진화하고 있다는 사실을 깨달았습니다. 그리고 3월 베타 오픈이라는 딱지를 뗀 순간, 게더타운과는 매우 다른 혁신적인 메타버스 플랫폼이 되어 있었습니다. ZEP은 사용자들의 말에 귀를 기울이고 피드백을 바로바로 반영했습니다. 특히 메타버스 행사에 수시로 지원을 나오면서 문제 상황을 캐치하고 해결을 했습니다. 저희 저자진이 ZEP 튜토리얼의 원고 작성을 시작한 지 근 6개월이 넘어가지만, 번번이 오늘의 문제점은 며칠 후면 해결되었기에 계속 저희도 원고를 업데이트하고 있었습니다.

이번에도 출간 날짜를 다소 연기한 것은 11월 20일경 좌측 사이드바가 완전히 변신했기 때문입니다. ZEP의 좌측 사이드바가 혁신적일 만큼 크게 개선되었습니다. 이렇게 저희가 튜토리얼을 만들 수 없을 정도로 빠르게 진화하며 발전해나간 ZEP, 열정적인 플랫폼사의 업데이트 과정을 지켜보면서 가슴 설레었습니다. 그리고 업데이트가 어느 정도 끝나가는 현재, ZEP은 프리미엄 스페이스를 출시하여 우리가 고민했던 더 많은 문제를 약간의 비용을 받고 해결해준다고 나섰습니다. 그래서 저희 저자진도 앞으로 메타버스 기획과 교육용 콘텐츠 제작에 집중하고 ZEP과 함께 에듀테크를 실현하면 되겠다는 안도감이 듭니다.

이 책을 관심 있게 읽는 분들은 에듀테크의 일환으로 메타버스를 활용하고자 하는 분들일 것입니다. 최근 저자들도 기업, 공공기관의 메타버스 구축 자문에 자주 참여하고 있습니다. 이제 에듀테크를 실현할 메타버스 플랫폼이 어느 정도 특정되어 있으니, 메타버스 기획과 구성을 탄탄히 한다면 거의 비용을 들이지 않고도 자체 플랫폼을 구축하고 에듀테크를 실천할 수 있을 것입니다.

본 책에는 메타버스 구축을 위한 기획의 각 단계와 노하우가 수록되어 있습니다. 우선 1장에서는 성공한 메타버스가 가진 공통점, 세계관 구축과 스토리텔링을 다룹니다. 세계관이라는 것은 메타버스를 찾아오는 사람들이 그곳에 머물게 하는 힘입니다. 때문에 메타버스를 기획하기 위해서는 세계관을 먼저 빌드업해야만 합니다. 그리고 기획자들의 역할, 스토리텔링에 대해서 다룹니다. 메타버스에서 진행되는 게임도 세계관과 스토리텔링을 가지고 있듯 교육용, 행사용, 전시용, 판매용 모든 메타버스는 세계관에 맞는 스토리텔링을 포함하고 있어야 합니다. 사실 세계관까지 들먹이지 않고 육하원칙만 적용해도 됩니다. 메타버스를 언제, 어디서, 누가, 무엇을, 어떻게, 왜 쓸 것인지만 정의하고 고민해도 이미 절반은 성공한 메타버스를 구축할 수 있을 것입니다.

또한 1장의 후반부에서는 자체 메타버스 기획자들이 고민하는 문제에 속시원한 해결책을 제공합니다. 특히, 구축 시 발생할 수 있는 문제점과 기획 노하우를 공개하여 기획자들과 구축 담당자들의 애로사항을 해결할 수 있는 가이드가 될 것입니다. 간단히 일러스트레이터를 익혀서 맵 수정에 적용하는 방법도 간단히 소개합니다. 또한 메타버스만 활용하는 것이 아니라, 메타버스로 안내할 웹페이지 제작 및 LMS 시스템 설계의 필수 요건, 행사 운영 노하우도 안내합니다. 그리고 메타버스를 활용해 어떤 교육적, 미디어적 연구를 할 수 있는지도 설명하고 있습니다.

본 책의 2장에서는 메타버스 ZEP에서 수업하기 위한 접속 환경, 디바이스, 카메라와 오디오 설정, 네트워크의 사전 고려 사항들을 안내합니다. ZEP에는 화면 공유와 미디어 추가 기능이 있습니다. 유튜브, 이미지, 파일, 화이트보드, 포털, 스크린샷 등을 공유하고 실행할 수 있는 기능으로, Zoom과 비교해 ZEP 메타버스를 활용한 수업의 장점을 알 수 있을 것입니다. 또한 메타버스와 함께하는 에듀테크를 소개합니다. 구글 잼보드(Jamboard), 패들렛(ko.padlet.com), 카훗(Kahoot)을 활용하는 노하우를 제공합니다.

3장에서는 메타버스 ZEP 수업 공간 설정 방법을 안내하고 있습니다. 이번

ZEP 업데이트의 핵심이 된 좌측 사이드바 활용법과 사용자 설정을 통해 공간을 제어하는 방법, 호스트 설정을 변경하는 방법을 안내합니다. 또한 스페이스의 유저 권한별 역할을 정의하면서 메타버스 공간을 공동으로 구축하고 관리하는 노하우를 설명합니다. 또한 ZEP에 탑재되어 있는 미니 게임을 종류별로 어떤 수업에서 활용하면 좋을지 알 수 있을 것입니다. 그리고 ZEP의 맵(Map)과 에셋(Asset)을 구매하고 맵 에디터에서 원하는 공간으로 커스터마이징할 수 있는 세부적인 기능의 활용법을 설명합니다. 초보자도 쉽게 디자인할 수 있는 ResizePixel 툴의 사용법, 움직이는 오브젝트 설정 방법 그리고 텍스트 오브젝트를 활용하여 맵 안에서 안내 선을 설정하는 노하우도 설명합니다. 또한, ZEP 자체에 있는 출석체크 기능을 실행하고 수업에서 활용하기 유용한 팝업 기능의 사용 노하우를 수록했습니다. 특히, 비밀번호 입력 시 동작할 수 있는 기능들은 ZEP으로 수업할 때 참여한 학생들에게 재미 요소를 더할 수 있어 추천합니다.

4장에서는 메타버스 ZEP 방탈출 공간 기획과 제작 노하우를 공개합니다. OX퀴즈 형식 방탈출에서 문제 맵을 구성하는 방법과 방탈출 성공 맵 구성하기, 공간 이동 형식 방탈출을 설계하는 방법과 확장된 공간 디자인을 구축하는 모든 노하우기 담겨 있습니다. 또한 방탈출 맵에서 중도 탈락을 막기 위한 힌트 맵 만들기, 힌트 조합 미션 해결을 통한 방탈출 맵 만들기도 포함했습니다. ZEP은 2D 기반 메타버스이긴 하지만, 개인이 코딩 없이 커스터마이징하여 활용할 수 있는 많은 기능들이 탑재되어 있습니다. 3D 요소를 더하거나 기존 3D 웹사이트, VR 웹사이트와 연동할 수 있어 다채로운 콘텐츠를 제공하는 것이 가능합니다. 그럼에도 3D 기반 메타버스를 활용하고자 하는 분들을 위해서 5장을 준비했습니다.

5장에는 3D 기반 메타버스인 모질라 허브(hubs.mozilla), 스팟(SPOT), 스페이셜(Spatial)을 사용하여 공간을 만드는 방법이 수록되어 있습니다. 모질라허브의 스포크(Spoke)로 공간을 제작하는 방법, Hubs Modular Art Gallery 템플릿을 가져오는 방법과 구축한 룸(Room)을 저장하는 방법의 상세한 안내가 포함되어 있습니다. 코스페이시스 전시관(https://hubs.mozilla.com/HgGMwAH)을 모질라허브에 만들어서 여러 참가자가 참여할 수 있는 전시회를 여는 방법도 소개합니다. 공간을 구축하는 가상의 전시회뿐 아니라, 오픈씨에 올린 NFT 작품을 스페이셜에 올리는 방법도 설명합니다. 메타마스크(MetaMask)에 전자지갑을 만들고 오픈씨(OpenSea)에 업로드한 작품을 메타버스에 연동할 수 있습니다. 현대사회에서 심각하게 여겨지는 저작권 문제에 블록체인 기술을 접목한 NFT 기술을 경험해보고, 메타버스와 접목해 활용해보는 것은 새로운 경험이 필요한 미래세대에게 의미 있는 교육이 될 것입니다. 또한 메타박스의 사용법을 안내합니다.

6장에서는 메타버스 수업의 교사 연수 방법과 수업에 활용할 때 궁금한 점을 다룬 Q&A를 제공합니다. 공간을 구축하고 그 안에서 수업을 주도할 호스트들을 교육하는 일이 더 중요할 수 있습니다. 애써 설계하고 구축한 공간이 제대로 활용될 수 없다면 무척 안타까운 일이 될 것이기 때문입니다. 따라서 메타버스 공간을 잘 활용할 수 있는 사람들을 선발하고 교육하는 일, 서포터즈의 역할 등을 가늠할 수 있을 것입니다. 마지막으로 메타버스에서 수업할 사람들을 선발할 때 필요한 역량의 체크리스트를 소개합니다.

<에듀테크 트렌드: 메타버스 편>은 미래 교육을 선도하는 많은 분들에게 한발 앞선 정보를 제공하고자 했습니다. 독자 여러분께서 앞으로도 미래 교육의 리더로서 활약하시리라 기대합니다. 진심으로 감사합니다.

박찬, 변문경, 이지은 올림

I

메타버스 세계관 및 스토리텔링

I. 메타버스 세계관 및 스토리텔링

2020년부터 이미 구축된 메타버스 플랫폼에 더 많은 유저들이 참여했고, 새로운 플랫폼도 앞다투어 등장했습니다. 이제 메타버스의 대유행은 햇수로 3년 차인 셈입니다. 그사이 승승장구하며 진화한 메타버스 플랫폼이 있는가 하면, 존폐 위기에 놓인 메타버스 플랫폼도 있습니다. 특히 대학에서는 많은 비용을 들여 자체 메타버스를 구축했지만 의외로 활용성이 낮아 유지 여부를 고민하는 경우도 많습니다. 그 이유는 무엇일까요? 성공하는 메타버스는 시작부터 무엇이 달랐는지 또 어떤 차별점을 가지고 있었는지 1장에서 자세히 알아보겠습니다.

1. 성공하는 메타버스의 조건

메타버스는 미래에도 계속 발전할까요? 유행처럼 번지다가 끝나지 않을까요? 요즘 메타버스 공간에 대한 컨설팅을 하거나 대학에서 강의를 할 때마다 주로 받는 질문입니다. 사실 저자들은 2021년부터 메타버스를 다룬 강의를 대기업, 공공기관 그리고 대학에서 400회 이상 진행해왔습니다. 초창기부터 같은 질문을 계속 받았습니다. 그리고 저자가 운영하는 주식회사 메타유니버스에서도 콘텐츠를 만들고 수십 건의 메타버스 공간 구축과 행사를 진행했습니다. 이렇게 노하우를 쌓아오면서 저희도 어느 순간 같은 질문을 스스로에게 하고 있었습니다. 언제까지 메타버스의 유행이 지속될까 하는 질문입니다. 그리고 이제 그 대답을 할 수 있습니다.

"사람들이 참여할 필요성을 느끼고, 지속적으로 많은 시간 머무르는 메타버스는 살아남고 그 외의 메타버스는 2023년 말을 기점으로 하나둘 사라질 것입니다."

여기서 '사람들이 머무르는 메타버스'는 계속 머무르고 생활해야 할 필요성과 이유가 있는 공간이라는 뜻입니다. 누군가 계속 머무르는 메타버스는 이미 지속적인 재미나 정보를 주거나, 현실에서 할 수 없는 일들을 대신 실현해주는 공간일 것입니다. 이해하기 쉽게 사례를 중심으로 살아남을 메타버스의 요건을 정리해보겠습니다.

1) 현실의 문제 해결이 가능한 메타버스

현실에서 해결하기 어려운 문제를 메타버스에서 해결 가능하다면 사람들은 메타버스에 머물 것입니다. 예를 들어볼까요? 저희가 진행한 프로젝트 중에서 '메타버스 세종학당 캠퍼스'를 현실의 문제를 해결해주는 메타버스의 예로 소개해보고자 합니다. 사실 저희가 메타버스 세종학당 캠퍼스를 꼭 구축해보고 싶다는 생각을 하게 된 것은 '삼성전자' 글로벌 채용박람회를 메타버스로 진행하면서 시작되었습니다. 코로나19로 인해서 중국의 주요 지역들은 봉쇄가 풀리지 않았고, 미국의 산호세 같은 지역도 훌쩍 출장을 떠나기에 부담이 컸습니다. 그래서 삼성전자에서는 글로벌 인재들을 위한 채용설명회 행사를 메타버스에서 모두 진행했습니다. 저희는 맵을 복사해서 주요 내용들을 영문으로 수정했습니다. 중국의 경우 중문으로 안내 자료를 만들어서 제공하기도 했습니다. 그리고 깨닫게 되었습니다. 요즘 같은 시국에 글로벌 행사를 진행하기에는 메타버스가 최고라는 것을 말입니다. 최근 중국 베이징의 일부 지역에 다시 코로나가 확산하면서 이번에 진행하는 한중포럼도 중국에서 개발한 메타버스에서 열린다는 메일을 받았습니다. 이렇게 원거리를 이동하지 않아도 한 공간에 모여서 학술대회, 설명회, 교육을 진행할 때 메타버스는 현실의 문제를 해결해주는 셈입니다.

따라서 '메타버스 세종학당 캠퍼스' 프로젝트는 해외에 거주하고 있지만, K-pop이나 K-drama를 보면서 한국에 오고 싶다는 마음을 키우는 학생들을 위한 메타버스 한국어 마을의 역할을 하게 되었습니다.

[그림 1-1] 메타버스 세종학당

미국, 유럽, 중국, 일본 그리고 가깝게는 베트남, 인도, 미얀마, 우크라이나 등 하루에도 수백 명이 다녀가는 메타버스 명소가 되었습니다. 아마 코로나 19만 아니라면 한국에 여행 와서 드라마 촬영지도 둘러보고, 맛집도 들르는 것이 가능했을 것입니다. 한국 여행이 로망인 그들에게 한국어를 배우는 것은 여행의 준비이며, 여행 준비를 사진에 할 수 있는 곳은 각 나라의 한국어학당입니다. 세종학당에서는 전 세계 80여 개 나라에 어학낭을 운영하고 있습니다. 80여개 나라 240여 개의 한국어 학당이 운영된다고 하면 숫자상으로는 많아 보이지만, 한 나라에 많아야 3개 정도인 셈입니다. 한국에 3곳의 한국어학당이 개설되었다고 가정해본다면, 서울, 대전, 부산에 하나씩 있는 것입니다. 따라서 한국어를 배우고 또 서로 만나서 말을 해보고 싶은 학생들에게 메타버스라는 공간은 현실의 한계를 극복할 수 있는 문제 해결의 수단이 되었습니다. 언제 어디서든 인터넷만 가능하면 접속해서 한국어로 말하고 싶은 세계인들과 대화할 수 있습니다.

365일 24시간, 언제든 접속해서 말하기 연습을 할 수 있도록 인공지능을 세팅해두었습니다. 아직은 인식률이 높지 않고 데이터가 부족한 인공지능이라 차후에 보강하여 구축할 계획을 가지고 있습니다. 예를 들어 교통수단의 경우, 교통수단과 관련된 텍스트로 음성 지원을 하는 인공지능을 추가했습니다. 반환된 텍스트는 구글에서 인공지능 음성으로 변환돼 마치 인공지능과 대화하는 기분을 느끼게 합니다.

2) 프로슈머들을 위한 메타버스

유튜브의 가장 큰 특징은 누구나 콘텐츠를 생산하고 또 소비할 수 있는 가장 손쉬운 플랫폼이라는 것입니다. 70, 80대 노인들도 콘텐츠를 소비하지만 자신의 콘텐츠를 업로드하기도 합니다. 중장년층을 겨냥한 교육에서 유튜브 크리에이터 관련 강좌는 인기 높은 강좌 중 하나입니다. 물론 업로드 과정에서 젊은 자녀나 직원들의 도움을 받기도 하지만 콘텐츠의 주인은 70, 80대 노인들입니다. 이제 노인들도 수동적으로 TV 앞에 앉아서 드라마를 보는 시대는 지난 것입니다. 손에 저마다 스마트폰을 가지고 있기 때문입니다. 문자를 보내듯 유튜브에 댓글도 달고 구독도 누릅니다. 유튜브가 중장년층들에게 사용법을 반강제로 익히게 한 것도 아닌데, 중장년층은 자발적으로 학습을 원하게 되었습니다. 그 자발적 학습의 원동력은 무엇이었을까요?

바로 끝없는 재미를 발견했기 때문입니다. 최초 누군가에게 카카오톡으로 유튜브 링크를 전달받은 것을 시작으로 어르신들의 꼬리에 꼬리를 무는 유튜브 무한 시청이 시작되었습니다. 최초로 유튜브 링크를 전달한 누군가는 교회, 성당과 같은 종교단체들의 리더가 많았습니다. 코로나19 때문에 유튜브로 예배와 미사를 진행하기 시작했고 중장년층을 참여시켜야 했기 때문입니다. 유튜브를 모르던 분들까지 그저 링크만 클릭하면 종교 생활이 가능하다는 것을 깨닫게 되면서 유튜브 안에 중장년층의 참여가 확산되었습니다. 유명한 목사님, 신부님들은 일찍부터 개인 유튜브를 많이 진행했고 수많은 콘텐츠를 보유하고 있습니다. 게다가 연관 검색으로 클릭 한 번에 흥미 있는 연관 영상을 볼 수 있게 되니, 어르신들은 유튜브의 재미에 푹 빠졌습니다.

아이로니컬하게도 초기 유튜브의 성장을 견인했던 것은 유아, 어린이 채널이었지만, 지금은 중장년층을 타깃으로 한 콘텐츠가 더 많아졌습니다. 유아, 어린이 대상의 채널들이 수익을 거둘 수 없는 구조가 되면서 중장년층이 좋아하는 건강, 역사, 종교, 미술품, 취미생활 등의 콘텐츠의 시청이 늘고 있습니다.

이상문tv
@user-ld7jt7sf5c
구독자 8.42만명

홈 　　동영상　　재생목록　　커뮤니티　　채널　　정보

설운도 할아버지의 유품! 신문 그림 서예 졸업장 고려청자까지! ...
조회수 380,483회 · 2년 전

자신이 소장중인 물품이 진품인지 궁금하다! 가격이 궁금하다! 궁
금하신 분들은 아래로 연락주세요!
https://open.kakao.com/o/svxtbRoc
이상문 TV 카카오톡 링크 채팅 참여하기!

[이상문 김종국의 보물일까 고물일까 ep2.설운도편]...
자세히 알아보기

동영상　▶ 모두 재생

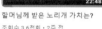

할머님께 받은 노리개 가치는?
조회수 3.6천회 · 2주 전

이상문 티비 -김태경님과 박하
서님의 진품과 가품
조회수 8.6천회 · 1개월 전

바다도 건너고 산도 넘은 이 물
건은?
조회수 6.7천회 · 1개월 전

공항 세관의 갑질
조회수 4.5천회 · 1개월 전

[그림 1-2] 중장년층 대상 '진품명품 이상문 TV'

　'진품명품 이상문 TV'는 장년층에게 사랑받는 유튜브 채널 중 하나입니다.
'할머님께 받은 노리개 가치는?' 과연 얼마인지 궁금합니다. 사단법인 한국
고미술감정평가연구원에서는 본래 매주 화요일 11시에 오프라인으로 고미
술 감정평가를 진행해왔습니다. 그러나 코로나로 인사동에 사람들 발길이 뚝
끊겼고, 결국 고미술품 감정사 이상문 씨가 선택한 대안은 유튜브였습니다.
인사동 사무실에서 진행하는 고미술품 감정 행사를 유튜브 스트리밍으로 진
행한 것입니다. 그것을 시작으로 인사동에 고미술 감정평가를 받으러 오는
사람도 늘었습니다. 가장 인기가 많은 주제는 '경매'라고 합니다. 사람들은
고미술품이 얼마의 가치를 가지고 있는가를 궁금해하고, 집에서 할머니, 할
아버지 대부터 물려받은 소장품을 가지고 나옵니다. 현재 '진품명품 이상문

TV'는 8만 명이 넘는 구독자를 보유하고 있습니다. 이제 코로나19가 끝나도 온·오프라인은 함께 움직이게 될 것입니다.

최근 샌드박스 네트워크에서 발표한 적자 폭 확대와 감원은 이제 메타버스에서 '콘텐츠'의 생산자가 기업이 아닌 개인임을 세상에 다시 알린다고 해석할 수 있습니다. 2019년 전후에는 유명 유튜버들이 샌드박스 네트워크 소속으로 활동하는 것을 꿈으로 여겼습니다. 하지만 그 유명한 유튜버들은 에이전시의 힘을 더 이상 필요로 하지 않게 되었습니다. 재미있는 콘텐츠만 만들수 있으면 개인도 얼마든지 유튜브 스트리밍을 켜고 방송을 할 수 있습니다. 영상 편집 없이도 사람들은 자기들이 보고 싶은 위치를 찾아서 보거나 라디오를 듣듯이 스트리밍을 청취하고, 시간이 안 되면 나중에 돌려 봅니다. 유튜브의 저작권 검증 서비스와 인공지능 추천 시스템은 재미있는 콘텐츠 생산자에게 글로벌 벼락부자가 될 수 있는 길을 열어주고 있습니다.

3) 킬러 콘텐츠를 가진 메타버스

킬러 콘텐츠를 확보한 메타버스에는 사람들이 끊임없이 찾아옵니다. 킬러콘텐츠를 향한 관심 때문에 찾아오기도 하고, 비슷한 킬러 콘텐츠를 만들기위해 벤치마킹을 목적으로 찾기도 합니다. 예컨대 우리나라가 보유한 대표적인 킬러 콘텐츠는 자타공인 BTS입니다. BTS를 품은 메타버스 플랫폼들은 전세계 아미들의 성지가 됩니다. 따라서 킬러 콘텐츠인 BTS의 활동 여부가 사람들을 메타버스에 지속적으로 머물게 하는 힘이 됩니다. 네이버와 하이브의합작으로 BTS가 활동 중인 위버스는 가장 활발한 엔터테인먼트 메타버스입니다. BTS의 글로벌 팬들이 모여서 각자 자기 나라의 언어로 참여하고 있습니다.

[그림 1-3] 위버스의 킬러 콘텐츠 BTS

앞서 <메타버스 FOR 에듀테크>에서 플랫폼 생성 유지의 조건을 설명한 바 있습니다. 2023년에는 그간 구축된 메타버스의 검증이 이루어질 것입니다. 많은 비용과 노력을 들인 메타버스 플랫폼들이 모든 정보를 삭제하고 문을 닫을 수도 있습니다. 하지만 살아남는 메타버스는 미래 교육의 비전을 제시할 것입니다. 그리고 그 안에는 분명 인공지능이 탑재되어 시·공간을 초월한 교육을 통해 진정한 메타버스 에듀테크를 실현하고 있을 것입니다.

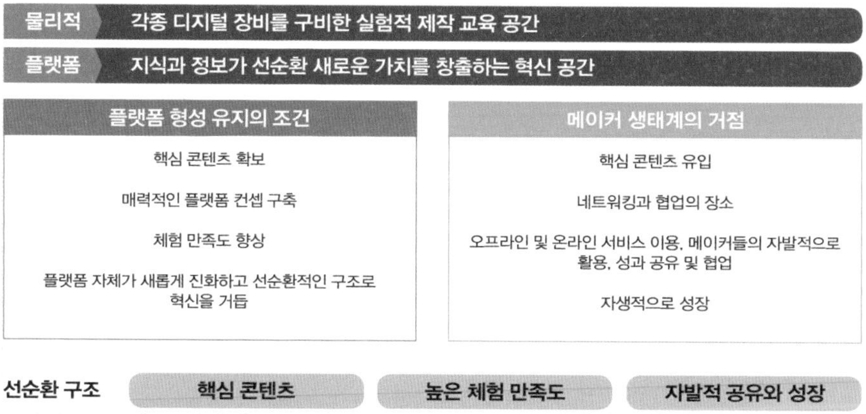

| 물리적 | 각종 디지털 장비를 구비한 실험적 제작 교육 공간 |
| 플랫폼 | 지식과 정보가 선순환 새로운 가치를 창출하는 혁신 공간 |

플랫폼 형성 유지의 조건	메이커 생태계의 거점
핵심 콘텐츠 확보	핵심 콘텐츠 유입
매력적인 플랫폼 컨셉 구축	네트워킹과 협업의 장소
체험 만족도 향상	오프라인 및 온라인 서비스 이용, 메이커들의 자발적으로 활용, 성과 공유 및 협업
플랫폼 자체가 새롭게 진화하고 선순환적인 구조로 혁신을 거듭	자생적으로 성장

선순환 구조 　핵심 콘텐츠　　높은 체험 만족도　　자발적 공유와 성장

[그림 1-4] 메타버스 선순환 성장

정리하자면 살아남는 메타버스, 사람들이 몰리는 교육용 메타버스는 무엇이 다를까요?

"세계관이 제대로 구축되어 있고, 킬러 콘텐츠의 스토리텔링이 있으며, 유저들이 참여하는 커스터마이징이 쉬워 메타버스가 스스로 진화할 수 있는 시스템이 잘 갖춰져 있을 것입니다."

세계관이 없는 메타버스도 있나 의아해할 수 있지만 사실 더 많습니다. 그냥 하나의 공간을 설치해놓았을 뿐이라서 사람들이 그 안에서 머물러야 할 의미를 찾지 못하고 떠나는 경우도 많습니다. 다른 사람에게 그 공간을 추천할 마음도 들지 않는 메타버스도 많습니다. 왜 이런 쓸데없는 공간들이 만들어지는 것일까요? 메타버스를 기획하고 구축할 때 의외로 유저의 요구 사항을 제대로 파악하지 못하고, 기획자가 원하는 대로 메타버스를 구축하기 때문입니다. 기본적으로 누가, 언제, 여기서, 무엇을, 어떻게, 왜 해야 하는지를 제대로 고민해본다면, 메타버스를 만들어야 하는지 혹은 애초에 만들 필요가 없는지 판단할 수 있을 것입니다.

2. 메타버스 세계관 디자인 및 구축을 위한 이론

1) 세계관 이론

최근 <스토리만이 살길>이라는 책에서 "듣는 사람에게 관심을 갖지 않고, 자기 말만 하려는 사람의 말은 들을 사람도 없다"라는 구절을 읽고 생각이 많아졌습니다. 만들고 싶은 메타버스를 만들고 들어오라고 할 것이 아니라, 들어올 사람들이 메타버스에서 무엇을 하고 싶어 할까? 누구를 만나고 싶을까? 무엇을 보고 싶을까? 현실의 어떤 문제를 해결할 수 있을까? 깊이 고민하게 되었고 그래서 이론을 찾았습니다. 게임 세계관에서 많이 인용하는 <Building Imaginary Worlds>의 저자 울프(Wolf, 2012)는 세계관의 구조물 (Infrastructures)을 8가지 요소로 설명하고 있습니다. 지도(Map), 타임라인 (Timeline), 계보도(Genealogies), 자연(Nature), 문화(Culture), 언어(Language), 신화(Mythology), 철학(Philosophy)이 바로 그것입니다. 이 울프의 세계관 개념 중에서 3가지 정도를 활용하여 저희가 개발하는 메타버스 구축의 세계관으로 활용하게 되었습니다.

① 지도(Map)

한국어, 한국 문화 플랫폼의 경우 한국의 어떤 장소를 지도에서 선택할 것인가를 생각했습니다. 외국인을 대상으로 하는 메타버스라면 외국인이 한국에서 제일 가보고 싶은 곳을 중심으로 구성하는 것이 답일 것입니다. 그런데 막상 거울세계처럼 구현하다 보니 서울시와 협의가 필요하겠다는 생각이 들었습니다. 그래서 각 공간을 모티프로 기획은 했지만, 실제 메타버스 공간 구현은 가상의 공간으로 만들어 익숙한 느낌을 주면서도 신선한 경험을 할 수 있도록 구성했습니다.

② 문화(Culture)

외국인들이 한국어, 한국 문화를 체험하게 하기 위해서 강의실도 경복궁이나 창덕궁에서 볼 수 있는 전각을 선택했습니다. 한국어, 한국 문화 메타버스에서 외국인들은 틀에 박힌 강의실, 현대식 건물보다 가장 한국적인 것을 보고 싶을 것이라고 생각했기 때문입니다. 단, 3D 가상전시관을 통해 각자가 자신의 나라의 문화 등을 소개할 수 있는 공간을 따로 두어서, 낯선 가운데서도 익숙한 느낌을 유지하고자 했습니다.

③ 언어(Language)

메타버스에서 언어는 한국어와 영어를 병기했습니다. 한국어를 잘하는 유저들과 이제 막 한국어를 배운 유저들 모두에게 편리한 언어는 영어일 수 있습니다. 하지만 한국어, 한국 문화를 더 많이 체험하기 위해서라면 주로 한국어를 써야 합니다. 실제로 메타버스가 오픈되고 각 나라별 참여율을 분석했는데, 1위는 미국, 2위가 베트남 그리고 인디아, 인도네시아, 이집트, 이탈리아, 필리핀 순서였습니다. ZEP 홈페이지에서 메타버스 세종학당에 누구나 참여할 수 있습니다.

2) ZEP 프리미엄 서비스의 활용

메타버스 플랫폼을 만들고 그 안에서 어떤 유저들이 어디서 어떻게 활동하는지를 탐색하는 것은 매우 중요한 일입니다. ZEP은 프리미엄 서비스에서 유저들의 접속 장소, 체류 시간, 오브젝트 접속 빈도, 대화 횟수 등을 측정하여 제공하고 있습니다. ZEP이 제공하는 프리미엄 서비스에서 제공하는 특정 데이터는 정말 유용합니다. 특히 유저들이 어떤 공간을 선호하는지, 얼마나 오래 머무르는지, 어떤 오브젝트의 콘텐츠를 즐겨 보는지, 맵 안에서 얼마나 많은 대화가 오고 가는지 등을 한눈에 알 수 있습니다. 프리미엄 스페이스의 계약 기간은 1년 단위로 보다 안정된 맵 운영이 가능하다는 장점이 있습니다.

[표 1-1] ZEP 프리미엄의 기능

	기능	설명
1	도메인 설정	맞춤형 URL 설정
2	채널링	채널의 인원을 증가 · 감소할 수 있음
3	로딩 디자인 설정	로딩 로고 수정, 로딩 문구 추가, 로딩 스패너 교체 기능
4	데이터 대시보드	스페이스에서 발생하는 다양한 데이터를 확인할 수 있는 기능 스프레드 시트 제공, 하루 단위 업데이트
5	되돌리기	맵 버전을 최대 30일 전으로 되돌릴 수 있는 기능
6	별도 기능 개발	게임 등의 추가 개발

3) LMS(Learning Management System) 통합과 운영자의 역량

ZEP에서 프리미엄 서비스를 이용하고, 맵 안에서 출결체크가 가능하더라도 지속적인 메타버스 수업을 진행하기 위해서는 LMS(Learning Management System)를 별도로 구축하는 것이 필수입니다. LMS는 온라인으로 수업 진도를 나가고 학생들의 출석체크를 하는 시스템을 말합니다. 특히 동일한 수업 과정을 여러 반으로 나누어 운영하거나, 동일한 링크에서 여러 가지 공간을 활용하고자 한다면 LMS 서비스가 수업 운영의 효율성을 높여줍니다. 여러 반이 개설되었을 때 보강 신청을 할 수 있고, 강사와 학생 간에 수시로 이루어지는 상호작용 내용도 히스토리가 생성되어 편리합니다.

메타버스에 참여하는 사람들은 간단한 가이드북으로도 충분히 메타버스를 즐길 수 있습니다. 하지만 메타버스 안에서 강의를 하거나 행사를 진행하는 사람들을 선발할 때에는 메타버스 활용 능력을 충분히 검증할 필요가 있습니다. 아무리 많은 수업 경험과 행사 운영 경험을 가지고 있더라도 메타버스 안에서는 무용지물이 될 수 있기 때문입니다. 또한 교육을 통해서 메타버스 활용 방법을 안내하더라도 온라인 게임이나 PC 활용이 익숙하지 않다면 교육의 한계점이 발견됩니다. 결국 개인의 능숙한 인터넷 활용 능력이 메타버스 행사와 교육을 성공적으로 이끄는 1차적인 열쇠인 셈입니다. 따라서 선발 또한 메타버스로 진행하고 메타버스 안에서 참가자의 행동을 모니터링하는 것도 평가에 포함하는 것이 좋습니다.

메타버스 로비 입장	입장	면접 진행	퇴장
신분증 확인 닉네임 변경 후 대기 비밀번호 안내	비밀번호 누르고 입장하면 바로 면접 룸으로 이동	7분간 면접 자율 종료	하단에 있는 엘리베이터로 이동하라고 안내함

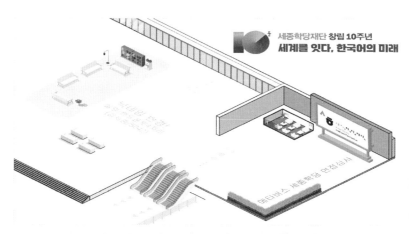

[그림 1-5] 메타버스 운영자 선발 프로세스와 선발 공간 구축

3. 세계관 스토리텔링

1) 도깨비 모티프

[그림 1-6] 도깨비 방탈출 게임

해외에서 한국에 관심 있는 사람들이 가장 즐겨 본 한국 드라마는 무엇일까요? 아마도 최근까지 넷플릭스에서 상위에 랭크된 김은숙 작가의 <도깨비>가 아닐까 합니다. 도깨비로 등장한 공유도 멋있었고, 고등학생부터 성인까지를 연기한 김고은의 러블리한 연기도 기억에 남습니다. 만일 방탈출 게임을 만든다면 도깨비 촬영지나 도깨비 집과 같은 공간을 만들어서 드라마 스토리를 토대로 진행하면 좋을 것 같습니다. 공유 캐릭터가 안내하는 도깨비 방탈출 게임이라면 생각만 해도 흥미진진합니다. 하지만 이상과 현실은 거리가 다소 멀어 보입니다.

초상권과 저작권 보호를 위해서라도 공유라는 배우를 맘대로 메타버스에 소환하면 안 됩니다. 공유의 이미지를 사용하고, 도깨비의 이미지를 사용해서 방탈출 게임을 만드는 과정에는 넘어야 할 산이 너무 많습니다. 먼저 공유의 소속사, 드라마 <도깨비>의 제작사와 협의해야 하고, 방송사 tvN의 양해도 구해야 합니다. 그리고 아무리 비영리 목적으로 구축한 메타버스라고 하더라도 무엇보다 그 과정에서 OK를 받을 수 있다는 확신이 없습니다. 그래서 도깨비라는 상상력만 가져오기로 했습니다. 그리고 방탈출 게임의 스토리텔링을 시작하고 방탈출 게임을 만들기 시작했습니다.

2) 도깨비 방탈출 게임의 스토리텔링

도깨비를 소재로 한 스토리텔링의 시작은 우선 '도깨비' 캐릭터를 만드는 것이었습니다. 무섭지 않으면서도 귀여운 도깨비, 누구나 애정을 품을 수 있는 도깨비 캐릭터를 만들기 위해 구상을 시작했습니다. 먼저, 도깨비의 이미지와 스토리를 구성하기 위해 도깨비와 관련된 자료와 논문을 찾아보고, 설화에서 드러나는 도깨비의 이미지는 어떠한지 살펴보았습니다. 그 결과 도깨비는 귀신보다 무섭지 않고 오히려 우리 생활 속에 있다는 것을 알 수 있었습니다. 정감이 가는 물건에 깃들기도 하고, 사람들에게 해를 끼치기보다는 장난기가 많으며 친숙한 캐릭터였습니다. 하지만 이야기만으로 설화 속 도깨비의 외형적 특성을 무엇 하나로 정의하기는 어려웠습니다.

[그림 1-7] 도깨비 캐릭터

보편적으로 그려지는 도깨비의 외형적 이미지를 파악하기 위해 네이버와 구글에 '도깨비'라고 검색을 해보니, 빨갛고 파랗고 노란 피부색, 머리에 뿔이 한두 개, 외눈박이에 뾰족한 송곳니 그리고 호피무늬 옷을 입은 도깨비가 많이 보였습니다. 이러한 보편적인 도깨비 이미지를 토대로 우리가 사용할 도깨비 캐릭터를 제작했습니다. 처음에는 귀엽고 착해 보이는 이미지로 기획했으나 디자이너의 해석은 달랐습니다. 최종 선택한 디자인은 기존의 틀에서 크게 벗어나지 않는 붉은 피부에 귀여운 모습을 한 도깨비 캐릭터가 되었습니다.

캐릭터를 만들었으니, 캐릭터가 행동을 보여줄 방탈출 게임의 스토리를 구상해야 했습니다. 설화 속에서 도깨비는 주로 밤에 숲속의 초가집에서 등장합니다. 도깨비불의 등장도 꼭 고려해야 하는 소재입니다. 그래서 디자이너에게 불꽃 모양도 디자인을 요청하고, 컬러가 지정된 상태에서 움직이는 불꽃을 연출하기 위해 GIF 파일로 여러 버전의 제작을 요청했습니다. 그리고 제작된 오브젝트들을 활용해 스토리를 구성하기 시작했습니다.

대체로 도깨비는 처음에는 그 모습을 드러내지 않고 소리나 불꽃으로만 보이다가 어느 순간 형태가 보입니다. 그리고 도깨비 방망이로 노깨비불, 음식, 금은보화 등이 나오게 하여 사람들을 놀라게 합니다. 아주 새로운 스토리보다는 우리나라 사람들에게 친숙한 스토리가 외국인에게도 무리 없이 전달될 수 있겠다는 생각에 우리에게 익숙한 스토리로 메타버스에 방탈출 맵 공간을 하나둘 기획하기 시작했습니다.

[그림 1-8] 도깨비 방탈출 게임 첫 번째 공간

첫 번째 공간은 한옥이 여러 채 있는 배경으로 선정했습니다. 전체 맵을 기획할 때 가장 한국적인 한옥마을의 맵은 이미 디자인을 가지고 있는 상태였습니다. 그래서 이 한옥 마을 안에서 도깨비의 소리가 들리는 건물을 찾아 방탈출 게임을 시작하는 것으로 설계했습니다. 외국인들이 한국어 교육을 위해 찾는 메타버스 세종학당답게 도깨비들도 한국어를 공부하는 콘셉트로 했습니다. 그리고 도깨비들이 있는 건물에서는 한글 모음을 연습하는 말풍선이 떠오르게 만들었습니다.

도깨비 소리가 나는 건물의 내부에는 도깨비의 등장에 걸맞게 어둡고 신비로운 분위기를 조성할 수 있는 도깨비불을 배치했습니다. 도깨비들이 인간 세계를 탐험하고 공부하기 위해서 이곳 메타버스 세종학당 캠퍼스에 왔다는 스토리를 구성했습니다. 유저들에게 도깨비는 '너희는 메타버스 세종학당 캠퍼스에 무엇을 배우러 왔니?'라는 질문을 던집니다.

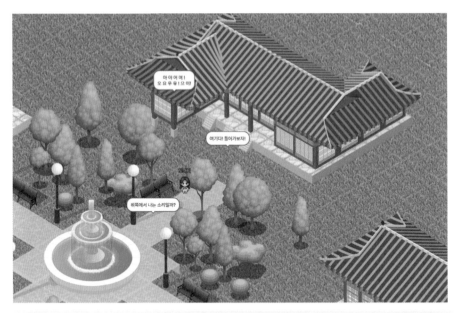

[그림 1-9] 도깨비 방탈출 게임

이 도깨비 방탈출 게임에서 탈출하기 위해서는 맨 왼쪽에 있는 도깨비의 질문에 답해야만 합니다. 해당 도깨비 오브젝트는 '비밀번호 입력 팝업' 유형으로, 비밀번호 설명(질문)을 보고 비밀번호를 맞혀야 합니다. ZEP에서 비밀번호를 입력 시 실행할 수 있는 동작은 총 6가지입니다: '오브젝트 사라지기', '개인에게만 오브젝트 사라지기', '오브젝트 교체', '개인에게만 오브젝트 교체', '텍스트 팝업', '이미지 팝업'. 여기에서는 정답을 맞힌 개인만 탈출을 할 수 있도록 '개인에게만 오브젝트 사라지기'로 동작을 설정했습니다.

한국어와 한국 문화를 공부하고자 하는 메타버스 세종학당의 취지에 따라 탈출 질문은 '너희는 메타버스 세종학당 캠퍼스에 무엇을 배우러 왔니?'이고 정답(비밀번호)은 '한국어'로 설정했습니다. 답에 대한 힌트로 맵에 있는 도깨비불에 자음과 모음 이미지를 오브젝트로 삽입했습니다.

랜덤하게 흩어져 있는 자음과 모음을 조합해서 유저들이 '한국어'라는 단어를 만들어내도록 한 것입니다. 하지만 아직 한글이 서툰 학습자들을 위하여 오답을 적었을 때 팝업으로 '정답은 한국어'라는 메시지가 등장하도록 설정했습니다. 비밀번호를 맞혀 앞에 서 있던 도깨비 오브젝트가 사라진 유저들은 '밖으로 나가기' 포털을 통해 방탈출에 성공할 수 있습니다.

[그림 1-10] 도깨비 건물 내부 말풍선

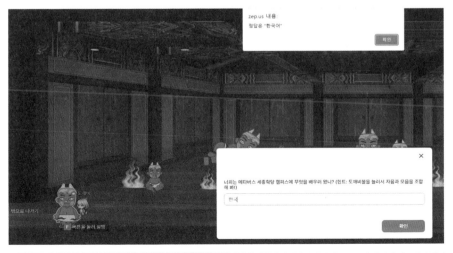

[그림 1-11] 도깨비 건물 내부 방탈출 퀴즈

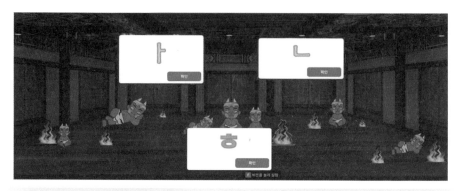

[그림 1-12] 도깨비불 자음과 모음 이미지 팝업 오브젝트

도깨비 건물에서 탈출한 후 도깨비와 도깨비불의 안내에 따라 이동하면 포털을 통해 기존 맵으로 돌아갈 수 있도록 기획했습니다.

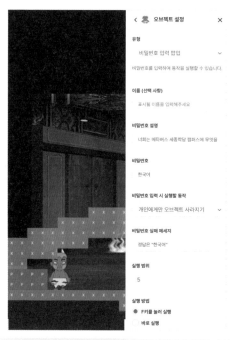

[그림 1-13] 비밀번호 입력 오브젝트 설정

[그림 1-14] 도깨비 건물 내부 방탈출 퀴즈

[표 1-2] 스토리텔링 단계별 기획 순서

1단계	도깨비 이미지 사전 연구
2단계	도깨비 캐릭터 구상
3단계	도깨비 방탈출 스토리 구상
4단계	도깨비 방탈줄 맵 구성

4. 기획자가 전부다!

1) 메타버스 기획의 시작, 유저 파악하기

메타버스 기획자는 우선 메타버스에 참여할 유저들의 요구 사항을 정확히 파악하고 있어야 합니다. 따라서 무엇을 보고 싶은지, 무엇을 경험하고 싶은지 아는 것이 우선입니다. 메타버스 세종학당에 참여하는 학생들은 한국어, 한국 문화를 공부하고자 하는 유저들입니다. 따라서 이들이 보고 싶은 것, 경험하고 싶은 것은 전적으로 가장 한국적인 공간일 것입니다. 특히 코로나19로 해외여행이 쉽지 않은 상황에서 한국을 메타버스로 여행한다는 사실은 높은 참여 동기를 유발합니다. 그래서 기본적인 공간 모티프는 가장 한국에서 여행하고 싶은 장소를 토대로 가져왔습니다.

[그림 1-15] 좌: 한강공원, 우: 동대문

2) 메타버스에 통합할 콘텐츠

그다음으로 공간 기획에 포함해야 하는 것은 공간 안에 포함할 콘텐츠입니다. 어떤 콘텐츠를 그 안에 담을 수 있는지를 생각해야 합니다.

메타버스 세종학당 캠퍼스의 도서관에서는 세종학당재단의 전자도서관 시스템과 연계하여 한국어 교육 관련 E-Book을 조회할 수 있습니다. 책 모양 오브젝트에 E-Book 링크를 연결하여 팝업으로 웹사이트가 열리도록 설정했습니다. 영화관 맵에서는 세종학당재단에서 제작한 <거실에 아이돌이 산다>라는 웹드라마를 시청할 수 있고, 전시관에는 3D로 즐길 수 있는 온라인 민화

전시관 등의 콘텐츠들이 탑재되어 있습니다.

또한 메타버스 세종학당 한국어 말하기 수업에서 반별로 다양한 주제를 담아 제작한 3D 전시 부스도 링크로 연결했습니다. 3D 부스 주제로는 '우리 반 친구들이 좋아하는 음식', '뻔한 사계절, 한국에서 FUN하게!', '소확행(소중하고 확실한 행복 주는 한국어)', '세종학당 학생들이 추천하는 한국 여행 팁' 등이 있습니다.

[그림 1-16] 온라인 민화전시관

3) 메타버스에 통합할 인공지능 기술

ZEP에는 웹사이트를 연동하는 것이 가능합니다. 각 공간이나 각 오브젝트에 인공지능을 탑재하기로 했습니다. 온라인 세종학당에서는 '인공지능(AI) 대화 연습 도우미'라는 인공지능 한국어 대화 연습 서비스를 제공합니다. 이를 통해 언제 어디서나 한국어 대화를 연습할 수 있습니다. 길 찾기, 주문하기, 쇼핑하기 등의 일상 대화부터 학교나 직장 등 상황별로 한국어 대화를 연습할 수 있도록 여러 대화 주제를 제공합니다. 특히 음성 인식 기술을 적용하여 외국인 학습자가 본인의 한국어 발음과 표현의 정확성을 확인하고 반복 연습을 할 수 있는 기능을 제공합니다.

메타버스 세종학당 캠퍼스 곳곳에 인공지능 대화 연습 도우미를 맵의 주제에 맞게 배치했습니다. 대화 주제별로 인공지능 대화 연습 도우미 링크를 생성하여, 인공지능 기계 모양 오브젝트에 웹사이트가 팝업 형태로 등장하도록 설정을 해두었습니다. 예를 들어 한강공원 맵에서는 여가 생활에 대한 대화를 나눠볼 수 있도록 하는 인공지능 링크를 탑재했습니다. 외국인 학습자 유저들이 접속을 했을 때 다른 유저가 없더라도 인공지능과 언제든 한국어 대화를 해보며 연습할 수 있습니다.

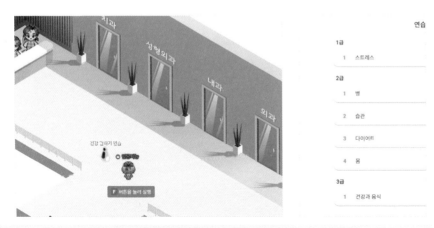

[그림 1-17] 병원 로비 맵에 배치된 건강 주제 말하기 연습 인공지능

4) 디자이너는 디자이너일 뿐이다!

디자이너와 기획 자료를 공유하고 원활하게 의사소통을 하는 것은 좋은 평면 이미지를 이끌어내는 지름길입니다. 하지만 디자이너에게 말로 메타버스 공간을 이렇게 저렇게 디자인하라고 해서 디자인이 나오는 것은 절대 아닙니다. 사실 모든 것은 기획자의 손에 달렸습니다. 디자이너는 그저 제공된 이미지를 아름답게 재창조해내는 사람일 뿐입니다. 메타버스 기획은 유저들의 이동 동선, 맵 간의 연결 등을 모두 고려해야 하는 작업이기 때문에 기획자들은 공간을 상상해 디자인한 후, 어떤 디자이너가 이 공간을 가장 아름답게 만들지 고민해서 디자인을 의뢰해야 합니다. 특히 디자이너에게는 특정 이미지를 캡처해서 이미지로 전달해야 효율적으로 작업이 가능하다는 것을 잊어서는 안 됩니다. 저마다 머릿속에서 그리는 이미지가 다르기 때문에, 말로만 전달하면 기획한 방향과 전혀 맞지 않는 디자인이 나와서 쓸 수 없게 되는 경우도 부지기수입니다.

[그림 1-18] 찜질방 및 만화카페 맵 기획 자료 예시

디자이너에게 전달하는 기획 자료에는 첫 번째로 전반적인 기획 방향을 이미지로 정리하고 샘플 이미지를 풍부하게 담아서 전달합니다.

수정을 요청할 때에도 디자인 속 글씨에 특정 글씨체를 지정해주고 그것으로 통일하기, 건물 크기는 현실 크기를 반영하여 지금보다 몇 퍼센트 더 키우기, 잔디 및 건물 벽면의 질감을 특정 이미지를 제공하고 이런 방식으로 살리기 등과 같이 구체적인 이미지로 전달해야 합니다. 메타버스 기획자들은 셔터스톡, 구글 이미지를 많이 검색하고 원하는 이미지를 찾아서 기획안을 만들어야 하기 때문에 평소에도 웹서핑을 할 때 마음에 드는 이미지가 있으면 따로 정리를 해두곤 합니다. 이후 새로 추가하고 싶은 맵이 있다면 주로 셔터스톡 같은 추가 로열티가 없는 이미지 사이트에서 기획자가 원하는 느낌과 구도 등을 최대한으로 살린 이미지들을 스크랩하여 함께 디자이너에게 제공합니다.

그런데 디자이너와 협업하는 과정에서 더 좋은 아이디어와 공간 구성으로 변신하는 사례도 있습니다. [그림 1-18]처럼 찜질방 맵과 만화카페 맵은 처음 기획 당시 2개의 별개 맵으로 기획했습니다. 하지만 디자이너는 느낌과 컬러가 비슷하니 하나의 공간으로 가자고 제안했고, 디자이너의 아이디어로 하나로 연결된 맵이 탄생하게 되었습니다. 또한 디자이너에게 1차로 디자인을 받아보니 찜질방의 돔 내부 맵 공간이 추가로 필요하다고 생각하게 되었습니다. 추가로 연관 디자인을 요청하려면 특정 공산 크기를 기획자가 지정해야 합니나. 최종적으로 ZEP 맵에 찜질방 및 만화카페 맵의 이미지를 업로드할 때에는 크기를 수시로 조정해가면서 실재감을 느낄 수 있도록 하는 것이 중요합니다.

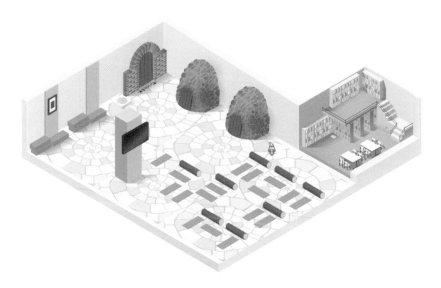

[그림 1-19] 찜질방 맵 디자인

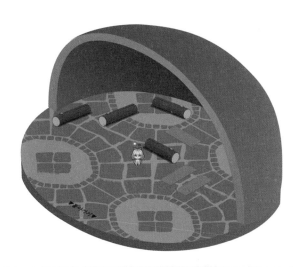

[그림 1-20] 찜질방 돔 내부 디자인

5. 기획자에게 꼭 필요한 일러스트레이터

디자인을 받아 왔는데, 디자이너와 같이 앉아서 디자인을 수정하다가도 막상 에디터로 구축하다 보면 또 수정 사항이 발생합니다. 이러한 경우 기획자의 일러스트레이터 활용 능력은 번아웃을 방지하는 핵심 역량이 됩니다. 처음엔 저자들도 일러스트레이터란 그저 디자이너만이 할 수 있는 영역이라고 생각했지만, 더 좋은 결과물을 위해서 생각을 바꾸었습니다. 메타버스 기획자가 일러스트레이터를 다룰 수 있다면 작업 기간도 줄어들고, 무엇보다 디자이너와 원만한 관계를 유지할 수 있습니다.

1) 기본적인 일러스트레이터 기능

기획자는 일러스트레이터의 기능들을 많이 배우면 배울수록 좋습니다. 어도비 홈페이지에서 제공하는 일러스트레이터 튜토리얼을 참고하거나 일러스트레이터 책 혹은 유튜브 강좌만 시청하셔도 기능들을 쉽게 익힐 수 있을 겁니다. 기획자가 가장 기본적으로 알아두면 좋은 기능들이 몇 가지 있습니다. 우선은 일러스트레이터의 기본적인 메뉴와 툴 팔레트 등의 작업 화면을 이해해야 합니다.

일러스트레이터의 툴 중에서 전체 개체를 선택할 수 있는 '선택 도구', 고정점과 선분을 선택 및 조정해서 개체의 모양을 변경하는 '직접 선택 도구', 텍스트를 입력하는 '문자 도구', 작업 공간을 설정하는 '대지(아트보드) 도구', 일러스트 문서 안에서 어떤 것도 선택하지 않고 드래그하여 이동할 수 있는 '손 도구' 그리고 마지막으로 '확대/축소 도구'만 익힌다면 일러스트레이터 속 개체들의 위치를 옮기거나 크기를 조정하는 등 간단한 수정은 충분히 가능합니다.

일러스트레이터에서 대지(아트보드)는 도화지 같은 작업 공간이라고 생각하면 됩니다. 대지 안에 있는 부분만 주로 사용하는 JPG와 PNG 파일로 인쇄하거나 따로 저장할 수 있고, 대지를 벗어난 곳은 빈 여유 공간이라고 할 수 있습니다. 하나의 일러스트 파일에 여러 대지를 설정할 수도 있고, 대지의 위치 또한 이동이 가능합니다. 따라서 제작하려는 맵의 비율과 크기에 따라 대지를 설정하면 됩니다.

레이어는 작업 폴더라고 볼 수 있습니다. 복잡한 작업을 할 때 작은 개체가 더 큰 개체 아래에 가려져 있으면 이를 선택하기도, 작업하기도 쉽지 않습니다. 이럴 때 레이어라는 폴더를 이동해서 개체들을 묶어주고 쉽게 선택할 수 있습니다. 지금 작업하지 않는 레이어는 보이지 않게 숨겨두거나 실수로 선택하지 않도록 잠그는 것이 가능합니다. 레이어 안에서 개체들의 순서를 바꿀 수 있고, A레이어에 있던 개체를 다른 레이어로 이동시킬 수도 있습니다. 레이어의 기본적인 개념을 알면 뒤에 설명할 Y축을 설정하는 것이 훨씬 편해질 것입니다

[그림 1-21]
일러스트레
이터의 툴
팔레트

2) 공간 Y축 설정하기

ZEP 맵 에디터의 바닥 설정에는 배경 화면과 앞 화면을 설정하는 기능이 있습니다. 배경 화면은 말 그대로 추가하려는 맵의 바닥 이미지를 업로드할 수 있는 기능이고, 앞 화면은 캐릭터 위로 보이는 화면을 업로드할 수 있어서 입체감을 표현할 수 있는 기능입니다. 나무나 건물 뒤로 가면 현실과 같이 캐릭터가 가려지도록 할 수 있는 것입니다. 이것을 일컬어 Y축

을 설정한다고 합니다. Y축을 설정할 때 중요한 점은 바닥 이미지와 Y축 이미지의 크기가 동일해야 한다는 것입니다. 이미지 크기가 달라 건물의 위치가 어긋나면 안 되기 때문입니다. 또 오브젝트의 그림자는 Y축에 넣지 말아야 캐릭터 위로 그림자가 겹쳐 보이지 않습니다. 마지막으로 경험상 Y축은 욕심을 부리지 말고 최소한으로 설정해야 가장 자연스럽습니다. 큰 건물이라고 해서 전부 앞 화면에 배치해버리면 불필요한 건물이 캐릭터 앞으로 배치가 되어 오히려 비현실적이고, 자칫하면 오류라고 생각될 수 있습니다.

3) 2D를 3D로 보이게 하는 노하우, GIF

메타버스의 2D 평면을 SNS에 올려서 자랑하는 분들이 많은데, 아쉽게도 3D 쪽 메타버스를 선호하는 분들은 실재감이 떨어진다고 합니다. 그냥 만화 같다, 그림 같다는 평도 많습니다. 하지만 모든 사람들이 좋은 네트워크 환경에서 참여할 수는 없는 일입니다.

미얀마나 베트남 등지에서 메타버스에 참여하는 학생들은 도서관이나 학교 등 네트워크가 좋은 시설에서 참여해도 끊기는 현상이 발생합니다. 이런 경우 제페토나 이프랜드 같은 3D 모바일 메타버스를 이용하는 것 자체가 와이파이 환경에서는 부담입니다.

따라서 메타버스를 기획하고 플랫폼을 선정하기 위해서는 꼭 유저들의 네트워크 상태를 예측해야 합니다. 3D를 고집했다면, 동남아시아나 남미의 유저들은 포기하는 것과 다름없습니다. 에듀테크를 위해서는 더더욱 원활한 접속이 보장되어야 하기에 ZEP 플랫폼을 추천하게 되는 것입니다.

세종학당의 경우 2D로 이미지를 입혀 ZEP을 구축하면서도 공간 크기를 최소로 줄이는 작업을 했습니다. 평면 이미지로 플랫폼 자체의 무게는 줄이되

생동감을 살리기 위하여 움직이는 GIF 오브젝트를 추가했습니다. 물이 흐르는 분수와 폭포, 연못 속을 헤엄치는 잉어, 일렁이는 불 등 움직임이 있을 때 더욱 자연스럽고 생동감이 있는 항목들은 GIF로 제작하여 ZEP에 오브젝트로 배치했습니다. 교통수단이 모여 있는 맵에는 도로 이미지 위를 달리는 택시와 버스를 추가했고, 잠깐씩 정차하며 움직이는 기차 GIF도 더했습니다. 움직임을 줄 만한 항목이 없는 맵에는 움직이는 로고 GIF를 추가하거나 날아다니는 나비를 배치하면 좋습니다. 하지만 예를 들어 물이 흐르는 폭포를 GIF로 작업을 했는데 생각보다 파일 크기가 커서 무거워진다면, 폭포는 배경에 2D 이미지로 넣고 적절한 위치에 작게 빛나는 반짝이 GIF 배치를 해볼 수도 있습니다.

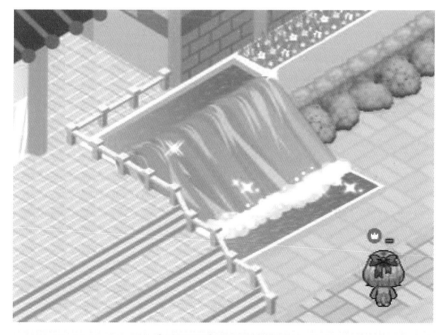

[그림 1-22] 반짝이 GIF 예시

II

메타버스
ZEP에서 수업하기

Ⅱ. 메타버스 ZEP에서 수업하기

ZEP은 메타버스 플랫폼 '제페토' 운영사인 네이버제트와 '바람의나라:연'을 개발한 게임사 슈퍼캣이 합작해 만든 2D 기반 의사소통 중심 메타버스 플랫폼입니다. 2D 기반이지만 이전 게더타운에 비해 그래픽이 선명합니다. 오브젝트로 GIF 파일을 사용하면 움직이는 애니메이션 효과 및 3D 효과를 낼 수 있어 실재감을 강화할 수 있습니다. 최초의 ZEP은 게더타운과 유사한 인터페이스를 가지고 있었지만 지금은 혁신적으로 발전했고 메타버스 플랫폼으로 가장 많이 활용되고 있습니다. 참가자는 링크를 통해 접속할 수 있으며, 아바타를 수정해 다양한 캐릭터로 참가하면서 각종 원격 교육, 모임, 회의를 즉석에서 구성할 수 있는 오픈형 메타버스 플랫폼입니다.

1. 접속 환경

1) 디바이스

ZEP에 접속할 때에는 PC(노트북 또는 데스크톱)를 이용하는 것이 좋습니다. 스마트폰이나 태블릿으로도 접속이 가능하지만 화면이 작고 일부 기능이 PC와 다르거나 제한될 수 있으니 수업시간에는 가급적 PC로 접속하기를 추천합니다. 특히 호스트로 수업을 진행해야 한다면 화면 공유 및 수업 환경을 위한 제어 기능을 쓰기 위해서 PC를 활용하는 것이 좋습니다.

2) 네트워크

수업이나 행사를 진행할 때에는 네트워크 상태가 좋고 주변 소음이 없는 장소에서 접속해야 합니다. 또한 장시간 사용할 수 있기 때문에 PC 전원 공급 장치를 연결해야 합니다. 또한 메타버스 공간에서 영상과 많은 데이터들이 필요할 수 있으므로 Wi-Fi가 잘되는 공간 또는 유선 LAN으로 인터넷이 연결 되는 곳이 좋습니다. 사람들이 밀집한 카페나 대형 컨벤션 센터 공간에서 접속하는 경우 끊김 현상이 심합니다. 핫스팟이나 테더링으로 연결하는 경우 스마트폰 배터리를 수시로 체크해야 합니다.

3) 카메라와 오디오

마이크가 내장된 헤드셋이나 이어폰을 PC에 연결합니다. 또한 PC에 웹캠 이 설치되어 있는지 확인합니다. 원활한 수업을 위해 수업 전에 항상 마이크 와 웹캠의 연결 상태를 점검합니다. 접속한 이후 자신의 목소리가 사람들에 게 들리지 않거나, 얼굴이 드러나지 않는 경우 왼쪽 사이드바의 Setting을 클 릭하여 사용할 기기를 선택해야 합니다.

4) 인터넷 브라우저

익스플로러로 접속이 안 되고 구글 크롬(권장)이나 윈도우 엣지 브라우저 로 접속해야 합니다. 구글 크롬을 주로 사용하는 사용자들은 구글 동기화를 해두면 편리합니다. 간혹 학교나 기관, 기업 자체 방화벽이 작동하는 공간에 서는 어떤 브라우저라도 접속이 원활하지 않을 수 있습니다. 또한 어렵게 접 속했더라도 마이크와 카메라가 전혀 작동하지 않는 경우가 있습니다. 기관의 방화벽을 해제하는 절차는 때로는 복잡하고 시간이 걸리므로, ZEP에 접속할 공간에서 사전에 체크를 해봐야 합니다.

2. 회원가입 후 시작하기

　ZEP을 이용해 메타버스 공간을 제작하거나 호스트로 수업이나 활동을 진행하기 위해서는 ZEP에 가입해야 합니다. 이때 개인정보를 입력하지 않습니다. 그저 ZEP 홈페이지(zep.us)에 접속해 시작하기를 선택합니다.

　회원가입은 구글 계정이나 웨일 스페이스로 로그인하면 다른 절차 없이 바로 사용할 수 있지만, 평소에 사용하는 이메일로 가입하면 이메일로 6자리 인증코드를 발송하게 됩니다. 이 인증코드를 입력해 ZEP에 로그인할 수 있습니다.

[그림 2-1] 이메일로 가입하기

　메타버스에 접속하기 위해서는 메타버스 공간의 접속 주소가 필요합니다. 접속 주소를 주소창에 입력하거나 ZEP에 로그인하여 섬네일을 클릭합니다.

1) 카메라, 마이크 권한 설정

ZEP에서 카메라와 마이크를 켜고 화상으로 참가자들과 대화하기 위해서 카메라와 마이크 사용 권한을 허용해야 합니다. 인터넷 브라우저 접속 주소 왼쪽의 자물쇠 버튼을 클릭해 카메라와 마이크 사용 권한을 '허용'으로 변경합니다. 또한 접속 주소 오른쪽의 카메라 버튼을 클릭해 카메라 액세스를 허용합니다.

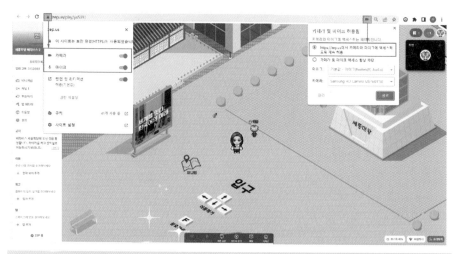

[그림 2-2] 카메라, 마이크 사용 권한 설정

2) 오디오, 비디오 설정

인터넷 브라우저에서 카메라와 마이크 사용 권한이 허용되었으면 ZEP에서 오디오와 비디오를 사용할 것인지를 설정할 수 있습니다. ZEP에 접속한 후 카메라나 마이크를 연결한 다음에도 카메라와 마이크가 안 켜지거나 소리가 안 들릴 수 있습니다. 이런 경우 ZEP 왼쪽 사이드바 메뉴에서 설정 버튼을 선택한 후 오디오/비디오 설정에서 카메라와 마이크, 스피커 등을 변경하고 카메라와 마이크 버튼을 ON으로 바꾸면 자신의 얼굴을 상대방에게 보이면서 음성채팅이 가능합니다. 만약 계속해서 카메라와 마이크가 켜지지 않으면 웹캠과 마이크 잭을 PC에 연결한 상태에서 다시 부팅을 해 접속합니다. 또는 크롬 브라우저와 엣지 브라우저를 바꾸어서 접속하면 문제가 해결될 수 있습니다.

[그림 2-3] 오디오, 비디오 설정하기

3) 아바타 설정

ZEP으로 제작된 메타버스 공간에 접속하면 먼저 닉네임을 설정해야 합니다. 아바타는 랜덤으로 만들어지는데 오른쪽 상단의 아바타 선택 후 아바타 꾸미기를 통해 자신이 원하는 모양으로 아바타를 변경할 수 있습니다. 헤어 (머리스타일), 의류(색상별 상의와 하의), 피부(피부색)와 얼굴(얼굴 형태와 안경)까지 자신이 원하는 캐릭터로 수정할 수 있고 랜덤 아바타 설정을 선택하면 랜덤하게 아바타 모양을 변경합니다. 랜덤 이바타 설정을 누를 때마다 계속해서 아바타를 랜덤하게 만들어줍니다. 이 중에서 원하는 아바타 모습이 추천되면 그것을 사용하는 것도 가능합니다.

처음 로그인할 때 설정한 자신의 닉네임도 내 프로필의 아바타 꾸미기에서 언제든지 수정할 수 있습니다. 상태명은 이름 아래쪽에 자신의 상태를 표시하고 싶을 때 입력할 수 있습니다.

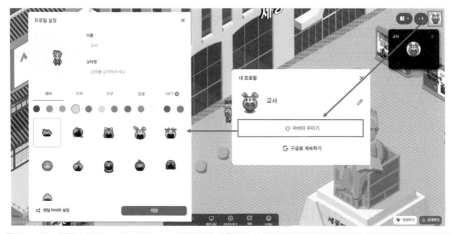

[그림 2-4] 아바타 설정하기

3. 키보드 작동 방법

ZEP에 스마트 디바이스(스마트폰, 태블릿)로 접속했을 때에는 키보드가 없기 때문에 이동은 화살표 버튼을 움직여가면서 하고, 점프 키로 점프하거나 오브젝트와 상호작용할 수 있습니다. 그러나 수업이나 행사를 원활하게 진행하기 위해서는 PC(노트북, 데스크톱)로 접속해 키보드를 이용하면 더 다양한 기능을 수행할 수 있습니다.

1) 이동하기

아바타는 방향 키를 이용해서 앞, 뒤, 좌, 우로 이동할 수 있습니다. 그리고 2개 키를 동시에 누르면 대각선으로 이동도 가능합니다. 키보드로 이동하는 방법 외에 자신이 가고 싶은 위치를 마우스로 더블 클릭하면 아바타가 스스로 이동합니다. 스페이스 키를 누르면 아바타가 점프 동작을 실행합니다.

[그림 2-5] 아바타 이동 및 상호작용

2) 오브젝트 상호작용

ZEP은 오브젝트에 다양한 설정을 해 인터렉티브한 경험을 제공할 수 있습니다. 오브젝트에 말풍선을 표시하거나 웹사이트를 연결할 수도 있고, 텍스트나 이미지를 팝업으로 띄울 수도 있습니다. 또한 비밀번호를 입력해 문제를 풀 수 있도록 설정할 수도 있는데 이렇게 오브젝트와 아바타가 인터렉티브하게 상호작용을 할 수 있는 키보드 키가 F키입니다. 특정 영역에 가까이 갔을 때 아바타 아래쪽에 "F키를 눌러 실행"이라는 메시지가 뜨면 F키를 눌러서 실행할 수 있습니다.

4. 유용한 기능

ZEP에서 활동할 때 유용하게 사용할 수 있는 기능들이 많습니다. 사용법을 잘 익혀놓으면 다양한 상황에서 효과적인 활동을 할 수 있습니다.

1) 화면 공유

줌(Zoom)과 같은 실시간 쌍방향 회의에서 제공하는 기능과 유사하게 컴퓨터의 화면과 소리를 공유할 수 있는 기능입니다. 수업이나 행사를 진행할 때 활용하면, 참여자들에게 화면을 공유하면서 전달하고 싶은 것을 손쉽게 전달할 수 있습니다.

화면을 공유하는 방법은 크게 2가지입니다. '화면 공유하기'는 사운드는 공유하지 않고 PC 화면만 공유하는 방법입니다. 그리고 '화면/오디오 공유하기'는 PC 화면뿐 아니라 사운드까지 공유하는 방법입니다. '화면/오디오 공유하기'를 하기 위해서는 공유할 화면을 선택하는 창에서 시스템 오디오 공유 앞의 체크박스를 반드시 체크해야 합니다. 공유할 화면을 선택하는 것도 전체 화면, 창, Chrome 탭이 있습니다.

'전체 화면'은 모니터 전체를 공유할 때 사용하는 것으로 듀얼 모니터를 사용할 경우 어떤 전체 화면을 공유할 것인지 선택해야 합니다. '창'은 지금 실행되고 있는 각종 창에서 선택할 수 있습니다. 예를 들어 한글 실행창, 브라우저 실행창, 이미지 실행창 등만 선택적으로 공유할 때 사용합니다. 'Chrome

탭'은 크롬창이 여러 개 실행되고 있을 때 그중에서 특정 크롬창을 공유하는 기능입니다. 공유하기를 원하는 화면을 선택한 후 공유를 클릭하면 참여자들이 공유된 화면을 함께 볼 수 있습니다.

수업 시간에 PPT 슬라이드를 공유했는데 학생들의 화면에 공유가 안 될 수 있습니다. 이때에는 화면을 공유하는 유저가 스포트라이트가 설정된 타일에 있거나 호스트가 유저에게 스포트라이트를 지정해야 합니다. 스포트라이트를 지정하려면, 참가자 숫자가 쓰여 있는 곳을 선택한 후 원하는 유저를 클릭해 스포트라이트 지정 메뉴를 활성화하면 됩니다.

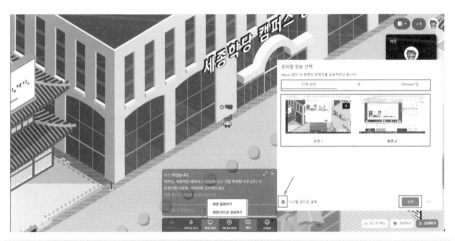

[그림 2-6] 화면 공유하기

2) 미디어 추가

채팅창 하단에 있는 툴바에서 미디어 추가 아이콘을 클릭하면 미디어 추가 창이 생깁니다. 수업이나 행사를 진행하는 동안 실시간으로 필요한 유튜브, 이미지, 파일, 화이트보드, 포털, 스크린샷 등을 실행할 수 있는 기능입니다.

유튜브를 삽입하기 위해서는 유튜브 공유 링크를 복사한 후에 링크를 붙어 넣기 하면 영상이 삽입됩니다. 아바타가 있는 위치에 유튜브 블록이 나타나고 그 위쪽에 영상이 2가지 크기로 실행됩니다. 게더타운은 오브젝트와 상호작용을 통해서만 유튜브 영상을 실행할 수 있는 데 반해, ZEP은 공간 위에 유튜브 영상을 직접 붙여서 바로 실행할 수 있는 것이 매우 큰 특징이라 할 수 있습니다. 자신이 가지고 있는 이미지를 화면에 바로 삽입할 수도 있습니다. PC의 하드 드라이브나 모바일 기기의 사진첩에서 이미지를 선택해 삽입합니다. 참여자들과 공유하고 싶은 파일을 삽입할 수도 있습니다. 파일은 일정 시간이 지나면 다운로드할 수 없게 됩니다. 화이트보드를 삽입해 여러 사람과 아이디어를 공유하는 데 활용할 수 있습니다. 포털을 배치해 다른 스페이스로 빠르게 이동할 수도 있습니다. 스크린샷은 별도의 프로그램 없이 ZEP 화면을 캡처해 저장하는 기능입니다.

미디어 사용을 마치고 추가한 미디어를 삭제하기 위해서 미디어 해당 블록 위에서 점프하거나 미디어 오른쪽 상단의 X표를 선택해 없앨 수 있습니다.

[그림 2-7] 미디어 추가 및 삭제 방법

5. 채팅 및 리액션

1) 채팅

툴바에서 채팅 메뉴를 선택하고 채팅 입력창에 대화 내용을 입력하면 같은 공간에 있는 참여자들과 공개적으로 채팅이 가능합니다. 채팅창에 입력한 내용은 5초 정도 아바타 위에 말풍선으로 표시되어 어떤 참여자가 어떤 채팅 내용을 입력했는지 직관적으로 알 수 있습니다. 또한 채팅 내용이 많아져서 많은 양의 대화 내용을 쉽게 보기 위해 채팅창의 크기를 크게 하고 싶을 때 창 크기 변경 아이콘을 클릭하면 채팅창이 왼쪽 공간으로 크게 옮겨져서 출력됩니다.

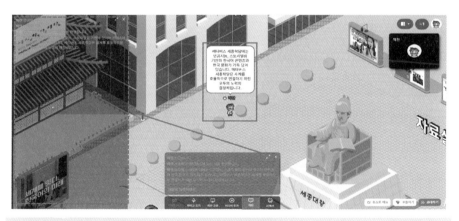

[그림 2-8] 채팅하기

2) 리액션

아바타의 감정을 이모지를 통해 간편하게 표현할 수 있습니다. 리액션 메뉴를 선택하면 표현할 수 있는 이모지가 나타나고, 원하는 이모지를 선택하면 아바타 위에 감정 이모지가 생깁니다. 또는 0부터 5까지의 숫자를 선택하거나 Z키를 선택해도 이모지가 아바타 위에 나타납니다.

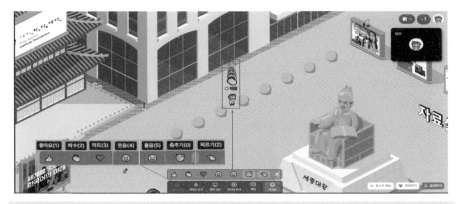

[그림 2-9] 리액션하기

6. 초대하기

메타버스 공간에 다른 참여자를 초대하기 위해 초대하기 기능을 사용할 수 있습니다. 오른쪽 하단의 초대하기 메뉴를 선택한 후 초대 링크 복사하기를 클릭하면 초대 링크를 원하는 사람들에게 전달할 수 있습니다. 메타버스 공간이 비밀번호로 보호되어 있는 경우 참고할 수 있도록 비밀번호가 표시됩니다.

[그림 2-10] 초대하기

1) 운영하기

① 오디오 및 비디오 설정

　다수가 참여하는 행사를 진행할 때에는 사회자의 화면과 음성을 또렷하고 명확하게 전달해야 합니다. 사회자는 왼쪽 사이드바의 '설정'에서 오디오와 비디오 설정 중 비디오 품질을 'HD(배터리 사용량 많음)'으로 선택합니다. 그리고 '배경 흐리게 하기(배터리 사용량 많음)'은 사용하지 않는 것을 추천합니다. 사회자의 목소리 이외에 주변 잡음이 많이 들어가는 환경에서는 '마이크 노이즈 제거'를 활성화하셔도 좋습니다. 다만, ZEP에서 음악회를 하거나 음원을 송출하게 되는 경우에는 '마이크 노이즈 제거'를 설정하지 말아야 보다 뚜렷하게 음성을 전달할 수 있습니다. 노이즈 제거를 하게 되면 음색이 변해서 본래 악기의 소리를 전달하기 어렵기 때문입니다.

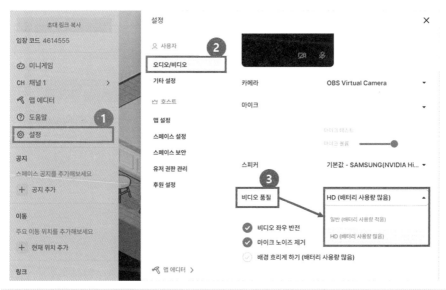

[그림 2-11] 비디오 품질 설정

② 빠른 이동 기능

ZEP에서 공간을 구축하다 보면 스페이스 내에 여러 맵을 추가해서 공간 간의 이동 시간이 길어질 수 있습니다. 좌측 사이드바에 있는 '이동' 기능으로 나의 아바타가 서 있는 위치에서 각기 다른 맵으로 빠르게 이동이 가능합니다. 특히 많은 스페이스를 가지고 있는 맵이라면, 스페이스 내에 빠르게 이동하고 싶은 곳들을 미리 '이동' 기능에 등록해두는 것이 좋습니다. 그리고 각지정 위치마다 어울리는 이모티콘을 설정하여 직관적으로 이동 위치를 안내할 수 있습니다.

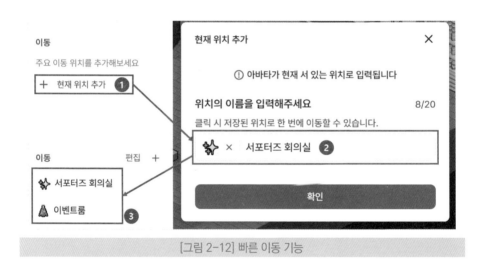

[그림 2-12] 빠른 이동 기능

③ 링크 기능

ZEP 스페이스의 좌측 사이드바에 다른 웹페이지나 SNS 등의 링크도 연결할 수 있습니다. ZEP 링크가 하나의 플랫폼이 되는 셈입니다. 에듀테크를 실현하는 수업이라면 메타버스 안에 학생들과 활용할 자료의 링크를 걸어둡니다. 그러면 수업시간 이외에도 학생들이 상시 입장하여 콘텐츠를 이용할 수 있고, 교사도 패들렛이나 구글 드라이브 등 여러 채널을 복잡하게 연결하여 자료를 제공하지 않아도 됩니다. ZEP 좌측 사이드바에 링크를 등록하는 방법은 '이동' 기능과 마찬가지로 좌측의 '링크 추가'를 눌러 등록하고 링크의 이름과 이모티콘을 설정할 수 있습니다.

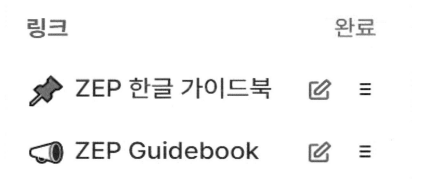

[그림 2-13] 링크 기능

④ 커맨드(Command)

ZEP에서 대규모 행사를 하거나 수업을 진행하면서 유저들의 영상 혹은 음성을 컨트롤하고 싶을 때, 맵 위에서 사라진 특정 참가자가 어디에 있는지 찾아서 진행자가 있는 곳으로 불러오고 싶을 때가 있습니다. 그런 경우 사용할 수 있는 기능이 ZEP의 커맨드(Command) 기능입니다.

커맨드는 호스트가 유저들을 한 번에 쉽고 간편하게 제어하여 안정적으로 행사를 진행하기 위한 기능으로, 채팅창에 커맨드(Command)를 입력하면 특정 기능을 실행할 수 있습니다. 커맨드는 본인 소유의 스페이스 또는 스페이스의 호스트로부터 스태프 이상의 권한을 받은 경우에 사용할 수 있습니다. 유저 권한에 대한 자세한 내용은 3부 메타버스 ZEP 수업 공간 설정의 '호스트 설정'을 참고하기 바랍니다. 여러 커맨드 중 '!spawn NAME'으로 특정 유저를 불러올 수 있습니다.

[그림 2-14] !spawn NAME으로 특정 유저를 소환하기

NAME 부분에 나의 위치로 소환하고 싶은 유저의 닉네임을 적어주면 됩니다. 이때 유저가 닉네임을 변경했다면 실행할 수 없습니다. 따라서 진행자는 유저들이 입장했을 때 닉네임의 설정 규칙을 안내해야 합니다. 그래야 보다 효율적으로 맵을 운영할 수 있습니다. 다수가 참여하는 경우라면 동일 닉네임이 존재할 수 있으므로 이름과 전화번호 뒷자리 등으로 유저 닉네임을 설정하도록 안내합니다.

맵에 있는 모든 사람들의 영상과 소리를 음소거하고 싶다면 '!muteall', 그

반대는 '!unmuteall'을 채팅창에 적으면 됩니다. '!spotlight NAME' 커맨드로 해당 유저에게 스포트라이트를 지정하거나 혹은 해제할 수 있습니다.

⑤ 개인 메시지 보내기

ZEP에서도 모두에게 공개되는 전체 채팅이 아니라 개인에게만 보이는 프라이빗한 메시지를 보낼 수 있습니다. 단, 보내는 사람과 받는 사람 모두가 로그인을 한 상태여야 합니다. 로그인을 하지 않은 개인에게는 메시지를 보낼 수 없다는 문구만 안내됩니다.

로그인을 한 개인에게 메시지를 보내기 위해서는 화면 오른쪽 상단에 표시된 참여자 수를 클릭하여 참여자 명단 창을 띄웁니다. 개인 메시지를 보내려는 대상을 클릭하여 메시지를 보낼 수 있습니다.

[그림 2-15] 개인 메시지 보내기

7. 따라가기

ZEP에서 수업을 하다 보면 강사 혹은 발표자를 따라 공간을 이동해야 하는 경우가 생깁니다. 물론 조금 전에 소개해드린 왼쪽 사이드바에 위치를 추가한 후 안내하여 한 번에 이동할 수도 있습니다. 하지만 발표자를 따라서 맵을 이동하면서 안내를 해줘야 하는 경우, ZEP으로 전시관을 만들었다거나 할 때 유용하게 사용할 수 있는 기능이 바로 '따라가기'입니다. 오른쪽 상단의 참가자 수를 클릭하면 전체 참가자의 명단이 뜹니다. 그때 따라가려는 대상을 클릭해 '따라가기'를 설정합니다. 따라가기의 상대가 포털을 이동할 경우 함께 이동이 가능하고, 맵을 이동한 이후에도 따라가기가 유지됩니다. 따라가기를 해제하기 위해서는 스스로 방향 키를 조작하면 됩니다. 학생들과 함께 맵을 이동하면서 진행하는 수업에 활용하면 좋습니다. 따라가기 기능이 켜져 있는 경우 바닥을 임의로 클릭하면 따라가기가 해제된다는 점도 설명해둡니다.

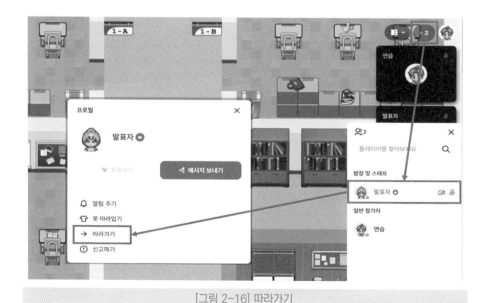

[그림 2-16] 따라가기

1) 서포터즈 운영하기

　메타버스 세종학당에서는 ZEP 공간을 전 세계에 있는 한국어 학습자들이 언제든지 모여 한국어로 소통하며 한국 문화를 경험해볼 수 있는 공간으로 마련했습니다. 이러한 경우 말하기 연습을 하고 싶어 하는 학습자들이 공간에 접속하게 됩니다. 이들을 지원하기 위하여 한국어 말하기 도우미, 이하 서포터즈를 운영했습니다.

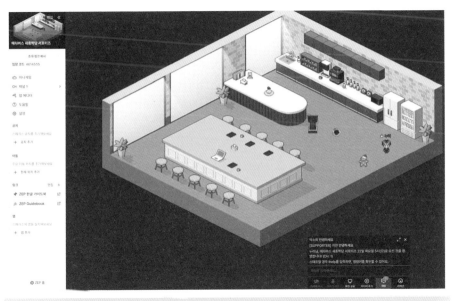

[그림 2-17] 메타버스 세종학당 서포터즈 교육 맵(ZEP 샘플 사용)

　서포터즈의 주된 업무는 메타버스 세종학당 방문객에게 한국어와 한국문화 체험을 도와주고, 한국어에 익숙하지 않은 외국인 한국어 학습자들과 한국어로 대화를 나누어 한국어 학습을 이끌어내는 것입니다. 서포터즈 교육은 ZEP 오피스 기본 맵에서 진행했습니다. 무료로 제공되는 샘플이 많아서 ZEP

에서 기본적인 기능을 지도했습니다. ZEP에는 기능이 많기 때문에 서포더즈들이 주로 써야 하는 기능들을 중심으로 안내했습니다. 따라가기 기능은 ZEP을 어려워하는 유저들에게 특히 유용한 기능입니다. 아울러 입장했을 때 화면이나 소리가 들리지 않는 경우 설정을 세팅하는 방법을 위주로 설명했습니다. 기본적인 기능을 익힌 후에는 주로 활동해야 하는 맵을 투어해주며 업무를 전달했습니다. 이때에도 따라가기 기능을 사용했는데, 따라가기 기능이 켜져 있는 경우 바닥을 임의로 클릭하면 따라가기가 자동으로 해제된다는 점도 꼭 알려주는 것이 좋습니다. 서포터즈 중 리더에게 스태프 권한을 제공하여 마이크 영상 등을 제어할 수 있도록 했습니다. 누구나 ZEP의 기능을 설명하는 대로 이해하고 활용하는 것은 아니므로, 서포터즈를 선발할 때에는 메타버스 활용 능력과 디지털 디바이스 활용 역량을 중심으로 평가하는 것을 권장합니다.

서포터즈들이 본인의 활동 내역을 패들렛에 정리해 업로드하면 이를 토대로 서포터즈 실적을 파악하여, 세종학당 재단 메타버스 서포터즈 활동 증명서를 발급하고 활동비를 지급했습니다.

[그림 2-18] 메타버스 세종학당 서포터즈 패들렛 활동 내역

8. 메타버스와 함께하는 에듀테크

메타버스를 활용한 수업을 더욱 흥미롭게 해주고 참여자 간에 상호작용을 활발하게 할 수 있는 다양한 에듀테크를 소개하겠습니다. 에듀테크를 메타버스 공간에 적절하게 배치하면 수업 효과를 높일 수 있습니다.

1) 구글 잼보드

구글 잼보드는 어떤 주제를 두고 학생들과 브레인스토밍을 할 때나 학생 참여형 활동에 유용한 플랫폼입니다. 그림을 그리며 표현할 수 있고 글의 위치를 자유롭게 이동시킬 수 있습니다. 잼보드는 클라우드 기반의 화이트보드를 활용해 새롭고 적극적인 방식으로 학생들의 학습과 공동작업을 하기에 유용합니다. 컴퓨터로 웹브라우저에 접속해 편집할 수 있고 스마트폰, 태블릿으로도 편집이 가능합니다.

검색창에서 구글 잼보드를 검색해 잼보드에 접속한 후 사용할 수 있습니다.

[그림 2-19] 구글 잼보드 접속

구글 잼보드를 실행한 뒤 '제목 없는 Jam'이라고 된 부분에 자신이 원하는 제목을 입력합니다. 왼쪽에는 사이드 메뉴바가 있고 위쪽 중앙에는 잼보드로 만든 페이지를 알아볼 수 있는 메뉴가 있습니다.

[그림 2-20] 구글 잼보드 화면구성

사이드 메뉴에는 구글 잼보드에서 작업하는 데 필요한 기능들이 탑재되어 있습니다. 맨 위의 펜 기능을 통해 펜의 굵기와 모양에 따른 마커, 형광펜과 브러시를 선택할 수 있습니다. 사용자가 직접 그림을 그리듯이 펜을 이용해서 보드에 원하는 그림을 그릴 때 사용합니다. 지우개는 펜으로 그린 그림들을 지우개로 지우듯이 지우는 기능입니다. 스티커 메모는 마치 접착메모처럼 내용을 써 넣어서 사용할 수 있는 기능입니다. 스티커를 확대하거나 회전, 수정하고 복제하는 것이 가능합니다. 학생들이 의견을 적어서 서로의 의견을 나누는 협력 수업에 활용하면 좋습니다.

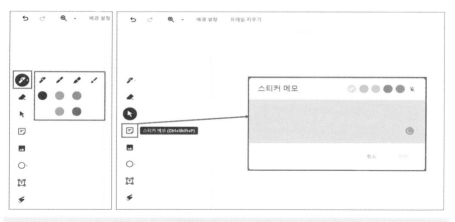

[그림 2-21] 구글 잼보드 펜 기능 및 스티커 메모

사이드 메뉴에는 이미지를 추가하는 기능도 있습니다. 자신의 기기에 있는 사진을 업로드하거나 URL로 이미지 삽입, 카메라로 직접 찍거나 구글 이미지를 검색해 삽입할 수 있습니다. 또한 구글 드라이브에 있는 사진이나 구글 포토의 사진을 삽입하는 등 다양한 방법으로 사진을 공유할 수 있습니다.

[그림 2-22] 구글 잼보드 이미지 추가

잼보드를 활용해서 학생들과 다양한 협업이 가능합니다. 교사가 적절한 이미지를 삽입하는 데서 그치는 것이 아니라, 삽입한 이미지를 활용하면 시각적으로 공유한 것을 확인하기 좋습니다. 예를 들어 세계지도를 삽입한 후에 학생들에게 가보고 싶은 나라를 쓰게 할 수 있습니다. 그리고 학생들도 이미지를 추가할 수 있기 때문에 해외에 가고 싶은 나라의 문화재나 핫플레이스, 체험하고 싶은 문화를 이미지로 올리도록 하면서 이야기를 나누는 활동도 가능합니다. 또한 삽입한 오브젝트들을 이동시키는 것이 가능하기 때문에 분류 수업에서 학생이 직접 스티커 메모를 이용하게 하는 것도 좋은 활동이 될 것입니다.

[그림 2-23] 이미지 삽입을 활용한 활동

또한 원이나 반원, 다각형과 화살표를 삽입하거나 텍스트를 입력해서 삽입할 수도 있습니다. 레이저 기능도 있는데, 이것은 설명할 때 레이저 포인트처럼 사용할 수 있고 일정 시간이 지나면 사라집니다.

하나의 잼보드에서 여러 개의 페이지를 만들 수 있고 페이지를 복제하거나 삭제하는 것이 가능합니다. 또한 배경을 변경하거나 프레임을 지울 수 있습니다. 잼보드로 함께 작성한 자료는 다양한 방식으로 다운받을 수 있습니다. 'PDF로 다운로드'는 여러 페이지를 만들었을 때 모든 페이지가 하나의 PDF로 다운로드됩니다. 반면 '이미지로 저장'은 현재 선택한 페이지만 하나의 이미지로 저장하는 기능입니다.

[그림 2-24] 구글 잼보드 다운로드

구글 잼보드는 공유해 여러 사람과 협력학습이 가능합니다. 공유 메뉴의 링크에서 편집자 권한으로 바꾸어서 공유하면 됩니다. 주제를 논의하고 정리할 때, 주제에 대해 자유롭게 생각을 나누고 자료를 모을 때 활용하면 좋습니다. 대신, 학생들이 다른 사람들의 삽입 게시물을 수정하거나 삭제하는 것도 가능합니다. 따라서 인터넷 예절을 지키면서 다른 사람의 게시물은 그대로 두는 것에 대한 교육이 필요합니다.

[그림 2-25] 구글 잼보드 공유하기

2) 패들렛

패들렛은 담벼락에 접착메모를 붙이듯 포스트를 게시하며 상호작용할 수 있는 에듀테크입니다. 단순한 메모만이 아니라 사진, 동영상, 링크 등도 업로드할 수 있으며, 서식들을 활용해 다양한 방법으로 협업할 수 있습니다. 패들렛을 사용하기 위해서 먼저 패들렛(ko.padlet.com)에 접속해 가입합니다. 교사만 가입하면 학생들은 로그인 없이도 공동 작업이 가능합니다.

[그림 2-26] 패들렛 접속 및 로그인

패들렛을 만들 때 7가지 서식이 제공되고 있습니다. 서식은 포스트 작성 중에나 작성 후에도 자유롭게 변경이 가능합니다.

① 담벼락: 벽돌 형식의 레이아웃입니다. 작성된 포스트는 공백 없이 자동으로 정렬되며 순서나 위치를 드래그해 자유롭게 조정할 수 있습니다.

② 스트림: 포스트가 위에서 아래로 순서대로 나열됩니다. 가장 깔끔하고 산결하지만 콘텐츠가 많아질 경우 위쪽과 아래쪽의 포스트를 한눈에 확인하기 어렵다는 단점이 있습니다.

③ 그리드: 담벼락 서식과 비슷하지만 포스트를 가로로 놓인 박스에 줄지어 배치합니다. 일정한 위치에 포스트가 들어가기 때문에 포스트 사이에 여백이 생기지만 깔끔하게 배치된다는 장점이 있습니다.

④ 셸프: 세로 방향으로 나누어진 컬럼에 각각 포스트를 게시할 수 있습니다. 모둠별 협업이나 주제별로 자료를 모으거나 협업할 때 가장 유용하게 사용할 수 있는 서식입니다.

⑤ 지도: 지도 위에 핀을 놓고 포스트를 추가할 수 있습니다. 지도는 자유롭게 확대와 축소가 가능하며 지리나 세계사 등의 수업에 활용하기 좋습니다.

⑥ 캔버스: 포스트를 작성하고 포스트의 위치를 마음대로 이동시킬 수 있으며 포스트끼리 연결선을 이용해 묶거나 연결합니다. 생각 그물(마인드맵)을 만들거나 포스트를 순서, 흐름에 맞게 정리할 때 사용할 수 있습니다.

⑦ 타임라인: 타임라인 위에 포스트를 작성할 수 있습니다. 가로선에 따라 시간별로 내용을 배치하는 것이 가능합니다. 미술가들의 시기별 작품을 배치하거나 역사 시간 연표 만들기, 진로 활동에서 나의 연표 만들기 등의 활동을 할 때 사용할 수 있습니다.

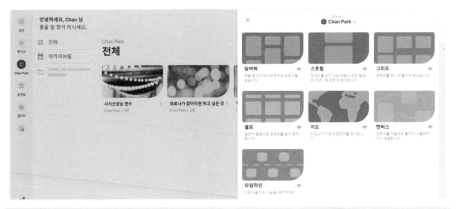

[그림 2-27] 패들렛 서식

원하는 패들렛 서식을 선택해 패들렛을 생성하면 패들렛의 제목, 설명, 배경 등이 임의로 설정되어 있으며 오른쪽 설정 메뉴를 선택해 수정할 수 있습니다. 수정할 수 있는 항목은 패들렛의 제목과 패들렛 활동에 대한 설명, 제목 앞에 붙는 아이콘 설정, 패들렛 공유 주소와 배경 화면입니다. 배경 화면은 단색과 그라디언트, 질감 및 패턴, 그림으로 바꿀 수 있고, 나만의 배경 화면 추가를 선택하면 인터넷 검색을 통한 이미지, 컴퓨터에 저장된 이미지의 업로드가 가능합니다. 또한 링크로 붙여넣기나 사진 찍기, 직접 그리기를 통해 나만의 배경 화면을 추가할 수도 있습니다. 색상 스킴은 패들렛에 내용을 쓴 게시물의 배경에 대한 실징이며 글꼴도 변경할 수 있습니다.

[그림 2-28] 패들렛 수정하기

또한 게시와 관련해 게시물 위에 작성자명의 표시 여부를 선택하고 새로운 게시물의 위치를 설정하는 것이 가능합니다. 그리고 각 포스트에 댓글 허용 여부와 좋아요와 별점, 투표를 설정할 수 있는 반응 기능이 있습니다.

콘텐츠 필터링도 가능한데 승인 필요 여부, 비속어 필터링을 통해 금지어를 설정할 수 있습니다.

패들렛의 다양한 시식을 학습 목적에 맞게 활용하면 효과적인 학습을 하기에 유용합니다. 패들렛을 활용한 다양한 사례를 서식별로 안내하겠습니다.

담벼락 서식은 벽면에 자유롭게 메모지를 붙이는 것처럼 사용이 가능한 패들렛 서식입니다. 포스트를 작성하면 자동으로 여백 없이 배열되며 드래그해 순서를 조정할 수 있습니다.

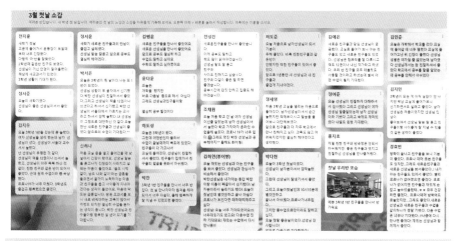

[그림 2-29] 담벼락 서식 활용 사례

학생들이 패들렛에 로그인하지 않아도 글을 쓸 수 있는데, 이런 경우 제목 부분에 자신의 이름을 쓰게 하고 내용 부분에 내용을 쓰게 안내하면 글을 쓴 사람을 확인할 수 있어서 편리합니다. 패들렛은 자신의 디바이스로 쓴 글은 다른 사람이 수정할 수 없고 자신만 수정할 수 있습니다.

[그림 2-30] 게시물 작성 방법

학생들이 게시물을 작성할 때 다양한 기능을 사용할 수 있습니다. 패들렛의 ⊕ 버튼을 누르면 새로운 포스트를 작성할 수 있는데 이때 ① 부분은 컴퓨터나 핸드폰에 있는 파일을 업로드할 수 있는 기능입니다. ② 부분은 카메라로 사진을 촬영해서 첨부하는 것으로 스마트폰이나 태블릿, 웹캠 등을 이용하면 가능합니다. ③ 부분은 링크로 URL을 붙여넣기 해서 그림, 동영상, 위치, 패들렛뿐만 아니라 링크로 연결할 수 있는 것을 모두 공유할 수 있습니다. ④ 부분은 이미지, GIF, 유튜브 등을 검색을 통해 공유할 수 있는 부분입니다. 외부에서 검색해서 URL 을 복사할 필요 없이 패들렛에서 직접 검색해 게시물에 연결할 수 있습니다. ⑤ 부분은 더 보기로 링크 기능과 유사합니다.

패들렛 게시물은 단순히 텍스트뿐 아니라 다양한 자료를 함께 첨부해서 게 시하면 보다 학생들의 생각을 흥미롭게 공유할 수 있습니다.

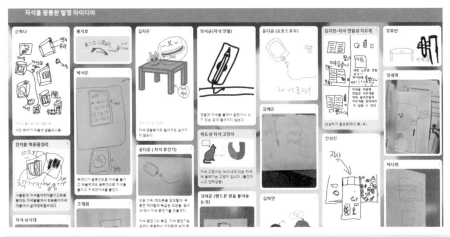

[그림 2-31] 다양한 기능을 추가한 패들렛 게시물

캔버스 서식을 사용하면, 포스트를 작성하고 연결선을 이용해 포스트끼리 묶거나 연결할 수 있습니다. 생각 그물(마인드맵)을 만들거나 순서, 흐름에 맞게 포스트를 정리하거나 포스트를 이동시켜서 분류 활동 등을 할 때 유용합 니다.

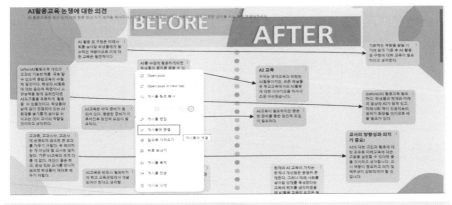

[그림 2-32] 캔버스 서식 활용 사례

셀프 서식은 세로로 된 선반에 물건을 가지런히 정리하듯 포스트를 세로로 배열할 수 있는 서식입니다. 모둠 활동에 가장 유용한 서식으로, 교사가 활동 전에 행을 추가해 모둠명 또는 학생명을 미리 써주면 학생들은 패들렛에 들어와 자신이 해당하는 모둠의 선반에 포스트를 추가할 수 있습니다.

[그림 2-33] 셀프 서식 활용 사례

메타버스에서 패들렛은 활용도가 매우 높은 에듀테크라고 할 수 있습니다. 다양한 서식을 활용해서 학생들과 협업할 수 있고, 학생들에게 과제를 주어 해결한 것을 포트폴리오처럼 누적으로 확인하는 것도 가능합니다. 또한 교수자가 학생들에게 전달하고 싶은 자료를 체계적이고 가독성 높게 준비해서 학생들이 쉽게 자료에 접근할 수도 있습니다. 그리고 무엇보다도 패들렛을 메타버스와 잘 연결해 사용할 수 있다는 것이 큰 장점입니다.

3) 카훗(Kahoot)

카훗은 참여자들이 회원가입 없이 바로 참여할 수 있는 퀴즈 게임형 에듀테크입니다. 퀴즈마다 Game PIN 번호가 생성되고 호스트가 공유한 번호나 QR코드를 공유하면 누구나 쉽게 퀴즈에 참여할 수 있습니다. PC와 모바일 기기 모두 참여가 가능합니다. 무료 회원일 때에는 50명까지 퀴즈 참여 인원을 지원해주고, 플레이 방식에 다양한 변화를 줄 수 있는 설정 기능들이 있습니다. 또한, 퀴즈 풀이 결과에서 각 학생에 대한 문제별 풀이 정·오답 상황을 좀 더 정확하게 보여주므로 학습지도에 유용하게 활용할 수 있습니다. 퀴즈 중간에 학생들이 정답과 답을 체크한 시간을 고려해 순위를 보여주어 참여자들이 긍정적인 경쟁 분위기에서 적극적으로 참여합니다.

카훗에서 퀴즈를 만들기 위해서는 회원가입을 한 후 한글로 번역을 하면 사용하기 좋습니다. 로그인한 홈페이지 우측 상단에 있는 만들기(Create) 버튼을 선택합니다.

[그림 2-34] 카훗 퀴즈 만들기 메뉴

만들기 메뉴에서 카훗을 선택하면 여러 종류의 템플릿이 제공됩니다.

[그림 2-35] 카훗 템플릿

템플릿을 선택해서 사용할 때 각 템플릿의 오른쪽 상단에 별 표시가 되어 있는 것은 유료 콘텐츠이기 때문에 유료로 업그레이드된 사용자만 사용할 수 있습니다. 슬라이드로 학습하거나 선생님과 친해지기, 학생용 셀카, 형성 평가, 주제 소개, 퍼즐을 통한 철자와 형용사를 연습하는 템플릿은 무료 사용자도 사용 가능합니다. 빈 템플릿으로 퀴즈를 만드는 방법을 알아보겠습니다. 새 Kahoot 만들기를 선택합니다.

무료 사용자가 카훗으로 만들 수 있는 형식은 퀴즈와 진실 또는 거짓 유형입니다. 질문 유형을 선택했으면 문제를 푸는 데 제공되는 시간을 조정합니다. 5초, 10초, 20초, 30초부터 4분까지 제한 시간을 설정할 수 있으므로 참여학생들의 수준과 문제 난이도를 고려해서 시간제한을 설정합니다. 쉬운 문제를 제공할 때에는 학생들의 집중력과 긴장감을 높이기 위해 시간을 짧게 줄수 있습니다. 너무 긴 시간을 설정하면 그 시간이 끝날 때까지 기다리느라 지루해져서 흥미가 떨어질 수도 있습니다. 그렇다고 너무 짧은 시간으로 제한한다면 네트워크 상태가 좋지 않거나 학생들의 기기 활용 능력이 떨어지는경우 문제를 풀지 못하는 학생들이 생겨날 수 있음을 고려해야 합니다. 포인트는 학생들이 정답을 맞힐 때 얻는 점수를 설정하는 부분으로 표준과 포인트 2배, 포인트 없음을 선택할 수 있습니다. 답변 옵션은 정답을 하나만 지정할 것인지 여러 개의 정답을 허용할 것인지를 선택할 수 있는데 무료 사용자는 답변 옵션을 하나만 선택하는 유형만 가능합니다.

[그림 2-36] 카훗 퀴즈 만들기

기본적인 설정이 끝나면 질문 내용을 입력합니다. 퀴즈 형식이기 때문에 객관식 문제를 내야 합니다. 주관식이나 의견 수집 형식 등은 유료 가입자만 사용이 가능합니다. 문제를 입력한 후 문제와 관련된 미디어를 검색하고 삽입할 수 있습니다. 게티(Getty)에서 제공하는 이미지를 검색하거나 GIF를 검색해 삽입할 수 있습니다. 또한 유튜브나 비메오의 영상을 검색해 삽입하거나 동영상의 링크를 복사해 붙여 넣을 수 있습니다. 오디오 삽입은 유료 가입자만 사용할 수 있는 기능으로 문제에 음성을 삽입할 때 활용할 수 있는데, 텍스트를 입력하면 자동으로 음성으로 만들어서 추가할 수 있습니다. 즉, 음성을 듣고 문제를 푸는 문제에 활용하면 좋습니다. 또한 자신의 컴퓨터에 이미지가 있다면 이미지 업로드를 통해 미디어를 삽입할 수 있습니다. 문제를 출제했으면 선택 답변을 입력할 수 있으며 최소 2개 이상의 답변을 넣은 후에 정답을 체크합니다. 선택 답변은 텍스트뿐만 아니라 이미지도 삽입할 수 있습니다.

[그림 2-37] 카훗 퀴즈 유형 예시

퀴즈 유형의 문제와 함께 사용할 수 있는 것이 진실 또는 거짓 유형입니다. OX퀴즈와 같이 문세를 내고 제시한 문장이 참인지 거짓인지를 선택하는 문제입니다. 이 유형의 문제들은 퀴즈 유형의 문제와 동일한 방식으로 문제를 내고 참과 거짓 중에 정답을 체크하면 됩니다. 하나의 카훗에 퀴즈 유형과 진실 또는 거짓 유형의 문제를 혼합해서 질문들을 구성하면 다양한 형식의 문제로 학습 내용을 평가할 수 있습니다.

[그림 2-38] 카훗 진실 또는 기짓 유형 예시

문제를 모두 작성하고 저장을 하면 카훗의 내 폴더에 제작한 문제가 올라가기 때문에 언제든지 수정하거나 실시간 퀴즈 실행이 가능합니다. 라이브 카훗을 시작하면 학생들과 실시간으로 대화형 수업을 진행할 수 있습니다. 클래식 모드와 팀 모드 중 선택할 수 있는데, 클래식 모드는 개인 대항의 퀴즈 모드이고 팀 모드는 최대 5개 팀으로 나누어서 팀원들과 협력해 경쟁하는 모드입니다.

[그림 2-39] 라이브 카훗 시작하기

클래식 모드를 선택하면 참여자들이 퀴즈에 참여할 수 있는 방법과 참가자들 리스트를 볼 수 있는 창이 생성됩니다. 실시간으로 카훗 퀴즈에 참여하는 방법은 www.kahoot.it 사이트에 접속한 후 Game PIN 번호를 입력하거나 모바일에서 QR코드로 직접 퀴즈에 참여하는 것입니다. 퀴즈 참여를 위해 대기하는 참여자들의 닉네임과 인원수를 확인할 수 있습니다.

[그림 2-40] 라이브 카훗 시작 화면

실시간 카훗에 참여할 때 학생들의 화면에는 △◇○□의 도형만 제시되기 때문에 교사가 보여주는 문제 화면을 동시에 잘 봐야 합니다. 간혹 모바일 기기 하나로 교사의 화면을 보다가 카훗 문제를 풀면 매우 불편할 수 있습니다. 그리고 도형의 모양을 순긴 혼동해 오답을 체크하는 경우도 있습니다. 이런 문제를 해결하기 위해서 학생의 화면에도 교사의 문제를 그대로 볼 수 있도록 설정하는 것이 좋습니다.

설정하려면 모드를 선택하는 플레이 화면에서 좌측 상단의 설정 버튼을 선택해 세부 설정을 해야 합니다. 설정 세부 사항 중 질문 및 답 표시를 활성화하면 됩니다.

질문 및 답 표시를 활성화하지 않았을 때의 참여자 화면과 활성화시켰을 때의 참여자 화면을 비교해보면 질문 및 답 표시를 활성화하는 것이 문제 확인 및 퀴즈 참여에 매우 유용하다는 것을 알 수 있습니다. 따라서 실시간으로 카훗 퀴즈를 진행할 때 모드 선택 화면에서 반드시 질문 및 답 표시를 활성화하는 것을 잊지 말고 실행하기를 추천합니다.

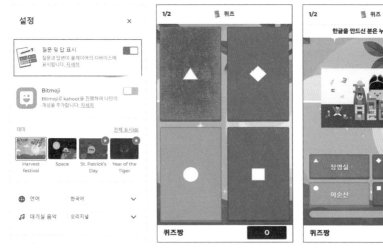

[그림 2-41] 사용자 디바이스 질문 및 답 표시

III

메타버스 ZEP
수업 공간 설정

Ⅲ. 메타버스 ZEP 수업 공간 설정

ZEP을 활용해 메타버스 공간에서 학생들과 만나 소통하고 학습하는 데 필요한 다양한 기능을 알아보고 익혀 실재감 있는 메타버스 수업을 할 수 있도록 준비합니다.

1. 좌측 사이드바 메뉴

1) 메타버스에 공지문 올리기

수업이나 활동을 위해 메타버스에 접속하는 학생들에게 공지할 사항이 있을 때 사용할 수 있는 것이 공지 기능입니다. 학생들은 메타버스 공간에 접속해 들어왔을 때 공지 메뉴를 선택해 호스트가 입력해둔 공지를 확인할 수 있습니다. 호스트는 입력하고 싶은 공지가 있으면 공지 메뉴를 선택한 후 글쓰기 기능을 클릭하고 공지 내용을 입력해 공지 사항을 전달합니다.

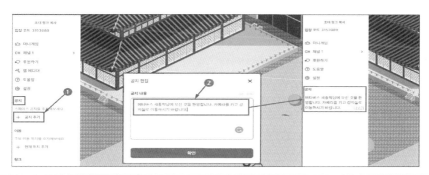

[그림 3-1] 공지 사항 입력하기

2) 사용자 설정

메타버스 공간의 호스트는 사이드바 메뉴의 설정에서 사용자 설정뿐 아니라 호스트 설정이 가능합니다. 사용자 설정에서는 오디오와 비디오, 스피커를 설정할 수 있습니다. 카메라와 마이크, 스피커 장치를 선택하고 오디오와 비디오를 켤지를 설정에서 변경합니다. 기타 설정에서는 스페이스의 배경음악 볼륨을 조절할 수 있습니다. 자신의 기기에 한정해 스페이스의 배경음 볼륨을 조정합니다. 그러나 다른 사용자의 배경음악 볼륨은 변경되지 않습니다.

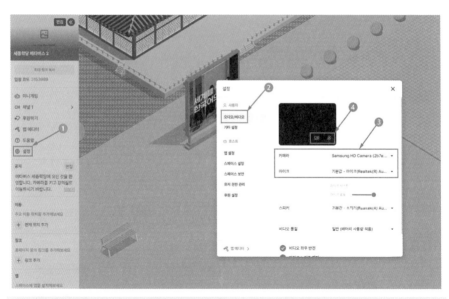

[그림 3-2] 오디오와 비디오 사용자 설정

3) 호스트 설정

① 맵 설정

호스트에게만 활성화되는 설정이 호스트 설정입니다. 호스트 설정은 사이드바 메뉴의 설정이나 ZEP 하단의 호스트 메뉴를 선택하면 활성화됩니다. 맵 설정은 현재 맵에서 활동하고 있는 유저들에게 바로 적용되는 설정입니다.

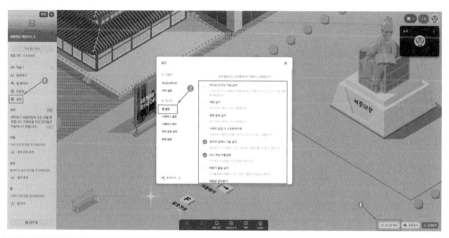

[그림 3-3] 호스트 맵 설정

- 비디오/오디오 기능 금지: 내 기기의 카메라와 마이크, 스피커의 입출력 장치 선택과 비디오 품질을 설정할 수 있습니다. 또한 카메라의 경우 비디오의 좌우 반전을 할 것인지, 마이크는 노이즈를 제거할 것인지, 비디오의 배경을 흐리게 하는 설정을 할 것인지를 선택할 수 있습니다.

- 채팅 금지: 맵에 참여하는 유저들이 채팅을 할 수 없도록 하는 설정입니다. 간혹 참여자들이 불필요한 단어들로 채팅방을 도배하거나 수

업에 방해되는 이야기를 주고받을 때 수업에 집중하도록 채팅을 금지할 수 있습니다. 그러니 관리자와 스태프는 채팅 금지를 설정해도 상시로 채팅하는 것이 허용됩니다.

- 화면 공유 금지: 맵에 참여하는 유저들이 화면 공유를 할 수 없도록 하는 설정입니다. 간혹 참여자들이 수업 중에 실수로 자신의 화면을 모든 유저들에게 공유할 수 있기 때문에 화면 공유를 금지했다가 필요한 경우 호스트가 화면 공유 금지를 해제하는 것도 좋습니다. 그러나 관리자와 스태프는 상시로 화면을 공유하는 것이 허용됩니다.

- 스태프 입장 시 스포트라이트: 이 기능은 스태프로 지정된 유저들이 스포트라이트 타일이 적용된 곳이 아닌 어느 곳에서도 비디오와 오디오가 켜지고, 모든 참가자에게 마이크를 사용해 의사소통을 할 수 있는 것입니다. 호스트가 활성화하면 좋은 기능입니다.

- 유저의 임베드 기능 금지: 수업을 진행할 때 참여자들이 사진이나 유튜브 영상을 공간에 띄우면 수업에 집중하기가 매우 어렵기 때문에 일반 참가자가 유튜브나 사진, 게임 등의 임베드를 추가할 수 없도록 하는 것이 좋습니다.

- 미니 게임 비활성화: 사이드바에 있는 미니 게임 아이콘을 사이드바에서 숨겨서 참여자들이 맵 활동 중에 미니 게임을 시작하지 못하게 하는 기능입니다.

- 찌르기 알림 금지: 아바타들이 Z키를 눌러서 사용할 수 있는 찌르기 알림 기능을 금지할 수 있습니다. 수업을 진행하는 동안 참가자들이 찌르기 알림을 하면 다른 참가자들이 수업에 집중하는 데 방해가 될 수 있기 때문에 어린 학생들과 수업할 때는 찌르기 알림 금지를 해두는 것이 좋습니다.

- 채팅창 닫아놓기: 채팅창이 사라지게 하는 설정입니다.

- 초대하기 버튼 비활성화: 오른쪽 하단의 초대하기 버튼이 사라집니다.

- 배경음악 비활성화: 맵 에디터의 바닥에 배경음악을 설정한 경우 맵에서 활동하는데 소리가 너무 크거나 배경음악을 듣고 싶지 않을 때 기타 설정에서 스페이스 배경음악 볼륨을 조절할 수 있습니다. 이 설정은 자신의 기기에 한정해 볼륨을 조절하는 것으로 다른 참여자들의 볼륨은 변경되지 않습니다.

- 채팅 기록 다운로드: 채팅 기록을 텍스트 파일로 다운로드해 참여자들이 주고받은 대화 내용을 저장해 활용할 수 있습니다. 어떤 참가자가 어떤 글을 썼는지도 알 수 있습니다.

[그림 3-4] 채팅 기록 다운로드

- 채팅 내역 지우기: 지금까지 참여자들이 썼던 채팅 내역을 모두 지워서 초기화합니다.

- 추가된 임베드 지우기: 참여자들이 맵에 추가한 유튜브, 사진, 파일, 화이트보드 등 여러 가지 임베드를 일괄적으로 지우는 기능입니다.

② 스페이스 설정

스페이스 설정의 스페이스 세부 설정에서는 스페이스 이름, 섬네일 설정 등의 세부 항목을 설정할 수 있습니다. 이 설정에서 스페이스를 삭제할 수도 있는데 스페이스를 삭제할 때에는 신중을 기해야 합니다. 스페이스 보안 설정에서는 스페이스에 처음 들어올 때 비밀번호를 입력해서 들어오도록 만들었다면 비밀번호 변경이 가능합니다. 유저 권한 관리에서는 ZEP에 가입한 사람의 이메일로 메타버스 공간에 초대하고 권한을 관리자, 스태프, 에디터, 멤버로 지정해 운영할 수 있습니다.

[그림 3-5] 스페이스 세부 설정

[표 3-1] 유저 권한별 역할

권한	역할
소유자(Owner)	스페이스를 최초로 생성한 스페이스의 소유자 다른 유저는 소유자의 권한을 조정하거나 삭제 불가능
관리자(Admin)	스페이스 소유자(Owner)의 권한 수정 외 스페이스 내 모든 권한을 가짐 스페이스 삭제와 복사도 가능
스태프(Staff)	맵과 스페이스 설정을 변경하고 채팅 커맨드를 사용할 수 있음 신규 플레이어 초대 및 플레이어 역할 부여는 가능하지만 스페이스 삭제는 불가
에디터(Editor)	스페이스의 맵을 편집할 수 있지만 설정을 변경하거나 채팅 커맨드를 사용할 수 없음
멤버(Member)	비공개 설정된 방에도 입장 가능 채팅 커맨드나 스페이스 설정, 맵 에디터에 대한 수정 권한 없음
호스트(Host)	스페이스 운영을 위한 관리자와 스태프를 모두 포함한 개념

4) 미니 게임

ZEP으로 제작된 메타버스 공간에 게이미피케이션을 적용해 다양한 미니 게임을 참여자들과 즐기는 것이 가능합니다. 게임을 통해 더욱 친밀한 관계를 형성하고 즐거운 활동을 할 수 있습니다.

'초성 퀴즈'는 ZEP에서 초성을 문제로 내는 게임입니다. 정답이라면 어떤 참여자가 정답을 맞혔는지와 함께 정답을 알려줍니다.

'퀴즈! 골든벨'은 진행자가 직접 낸 퀴즈를 참가자들이 맞추는 게임으로 정답을 맞추면 생존하는 서바이벌 방식의 퀴즈 게임입니다.

'봄버맨즈'는 랜덤하게 폭탄맨이 된 플레이어에게 시간이 주어지고 그 시간 안에 다른 플레이어와 부딪혀 폭탄을 전달하는 게임입니다. 폭탄이 터지면 새로운 폭틴맨이 선정되고 최종 생존자가 나올 때까지 게임이 반복됩니다.

'달리기'는 달리기 맵에서 실행하는 게임으로 장애물을 피해서 골인 지점까지 빨리 도착하는 게임입니다.

'OX Quiz'는 OX Quiz 맵에서 실행하는 게임으로, 호스트가 OX 문제를 내고 참여자들이 퀴즈를 맞히면 살아남을 수 있는 게임입니다. 끝까지 정답을 맞혀 생존하는 서바이벌 형식입니다.

'좀비' 게임은 랜덤하게 좀비로 변한 일부 참여자가 다른 참여자들과 부딪침으로써 좀비로 감염시키는 게임입니다. 생존자는 좀비를 피해 생존해야 하고 마지막 생존자가 나올 때까지 진행됩니다.

'페인트맨'은 두 편으로 나뉘어 맵 바닥을 자신 팀의 색상으로 칠하는 게임입니다.

'똥 피하기'는 화면 위에서 랜덤하게 떨어지는 똥을 피해 살아남는 게임입니다.

'복싱'은 참여자들이 주먹(Z키)으로 서로 공격해 쓰러뜨리는 대결을 펼쳐 최후의 승자를 뽑는 게임으로 팀 대항전과 개인전으로 진행할 수 있습니다.

'멈추면 죽는다'는 빨간 바닥과 해골을 피해 도망 다니는 게임으로 멈추면 죽습니다.

'폭탄 피하기'는 참가자들이 일정한 공간 안에 모여서 랜덤하게 만들어지는 폭탄을 피해서 끝까지 살아남는 게임입니다.

'얼음땡'은 100초 안에 술래가 참가자들을 모두 공격해 아웃시키는 것으로 참가자들은 얼음을 하여 피하거나 도망 다니는 게임입니다.

[그림 3-6] 미니 게임 하기

여러 미니 게임 중 수업에 쉽게 활용할 수 있는 것이 OX Quiz입니다. OX 퀴즈를 사용하기 위해서는 2가지 방법이 있는데 가장 쉬운 방법은 OX Quiz 맵을 만든 후에 미니 게임에서 OX Quiz를 실행하는 방법입니다. 이 방법은 별도의 OX Quiz 맵 링크를 전달하고 참여자들이 OX Quiz 맵에 입장해 게임에 참여하는 방식으로 이루어집니다. 제작하고 실행하는 것은 간단하지만 별도의 링크를 전달해서 참여해야 한다는 점이 번거로울 수 있습니다.

다른 하나의 방법은 수업하는 메타버스 공간에 새로운 스페이스를 OX Quiz 맵으로 민든 후에 타일 효과에서 포털로 OX Quiz 맵과 연결해 OX Quiz 맵으로 이동한 후 OX 퀴즈를 진행하는 방법입니다. 이 방법은 참여자들이 별도의 OX Quiz 맵 링크를 전달받을 필요 없이 수업하던 공간에서 OX Quiz 맵으로 바로 이동할 수 있다는 편리함이 있습니다. 대신 호스트가 맵 에디터에서 새로운 스페이스를 추가하고 포털로 스페이스를 연결하는 방법을 알아야만 가능합니다. 이 방법에 대해서는 맵 에디터의 타일 효과에서 자세히 설명하겠습니다.

OX Quiz 맵에 접속했을 때 OX 퀴즈를 진행하는 방법은 매우 간단합니다. 참여자들이 OX Quiz 맵에 잠여한 후에 호스트가 미니 게임에서 OX Quiz를 선택합니다. 퀴즈를 선택하고 OX 퀴즈 시작이라는 메뉴를 클릭합니다. 참여 자들에게 곧 OX 퀴즈가 시작된다는 안내가 나가고 OX 퀴즈를 할 수 있는 OX 공간으로 입장할 수 있습니다. 참가자 입장이 끝난 뒤 호스트가 문제를 입력 하고 정답을 선택한 후에 문제 내기를 선택하면 참가자들에게 문제가 제시됩 니다. 30초 안에 O와 X 영역 중 하나로 옮겨 가면 문제의 정답이 공개되고 틀 린 참여자들은 경기장 밖으로 자동으로 옮겨집니다. 이런 방식으로 문제를 내면 되는데 퀴즈를 매끄럽게 진행하기 위해서 호스트는 미리 문제를 작성한 후에 복사해서 붙여넣기 하는 방식으로 문제를 바로바로 제시하는 것이 좋습 니다. ZEP의 OX 퀴즈가 게더타운이나 다른 메타버스보다 좋은 점은 맵이 템 플릿으로 제공된다는 점, 탈락한 참여자들이 자동으로 경기장 밖에서 퀴즈를 지켜보도록 코딩되어 있다는 점입니다. OX 퀴즈를 활용하면 참여자들의 흥 미를 유발할 뿐만 아니라 학습 평가도 쉽게 할 수 있다는 장점이 있습니다.

[그림 3-7] OX 퀴즈 진행하기

5) 이동

ZEP에서 특정 지점으로 빠르게 이동할 수 있는 기능입니다. 동일한 맵뿐 아니라 스페이스 내의 다른 맵으로도 빠르게 이동할 수 있습니다. 아바타가 원하는 공간으로 천천히 이동할 수도 있지만, 스페이스를 여러 맵으로 제작하여 스페이스가 복잡할 때 빠르게 이동하면 바로 체험이나 수업을 진행할 수 있습니다. 오늘 강의할 강의실로 이동하거나 과학실, 토론실 등 특정한 곳으로 바로 이동할 수 있는 기능입니다. 포털을 이용해서 이동할 수도 있지만 사이드바에서 이동할 위치를 설정해 손쉽게 이동할 때 사용하면 좋습니다.

[그림 3-8] 이동 위치 등록하기

6) 링크

체험하고 있는 ZEP 스페이스에서 링크를 통해 다른 사이트로 바로 이동할 수 있는 기능입니다. 관련된 ZEP 스페이스로 이동할 수도 있고 ZEP 스페이스와 관련된 홈페이지로 바로 연결해서 활동에 도움을 줄 때 사용할 수 있습니다.

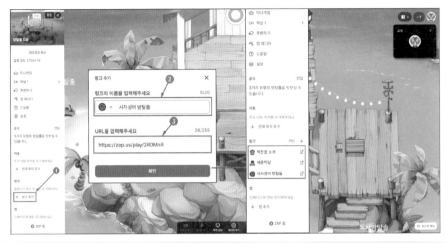

[그림 3-9] 링크 추가 등록하기

2. 맵 에디터 둘러보기

ZEP의 가장 큰 장점 중의 하나는 사용자들이 자신들의 공간을 마음대로 커스터마이징(Customizing)할 수 있다는 것입니다. 공간을 편집하고 확장해 마음껏 상상의 나래를 펼칠 수 있는 기능이 바로 맵 에디터입니다. 맵 에디터의 다양한 기능을 이해해 공간을 제작하다 보면 메타버스 전문가가 될 것입니다.

1) 에셋 구매

맵 에디터로 맵을 편집하기 전에 준비할 것이 있는데 바로 에셋을 구입하는 것입니다. 에셋(Asset)은 자산이라는 뜻으로, 맵 제작에 필요한 샘플 맵, 오브젝트, 앱, 미니 게임 등이 있습니다. 일반 유저들은 샘플 맵과 오브젝트를 자신의 에셋으로 구입하면 맵을 제작하는 데 어려움이 없습니다.

다양한 맵과 오브젝트 중에서 원하는 에셋을 구입하면 되는데 무료 에셋이 대부분이기 때문에 무료 에셋을 구입하는 것을 추천합니다. 맵 중에서 미니 게임을 하기 원한다면 달리기 경기장 맵과 OX Quiz 맵은 구입하는 것이 좋습니다.

[그림 3-10] 에셋 구입하기

2) 맵 에디터 실행

맵 에디터를 실행하는 방법은 여러 가지입니다. 가장 간단한 것은 사이드 바에서 망치 모양의 맵 에디터를 선택하거나 호스트 메뉴에서 맵 에디터를 선택해 실행하는 방법입니다.

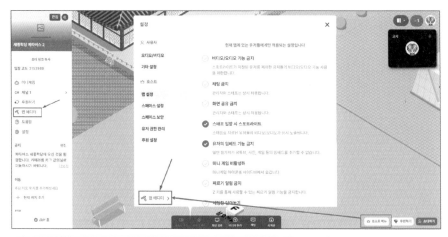

[그림 3-11] 맵 에디터 실행하기

3) 맵 에디터 구성

맵 에디터는 크게 상단 툴바, 상단 툴바와 연동하는 세부 설정 그리고 내부 스페이스를 관리하는 맵 관리자로 구성되어 있습니다. 상단 툴바는 바닥, 벽, 오브젝트, 상단 오브젝트, 타일 효과, 도장, 지우개, 화살표, 스포이트, 되돌리기, 다시 하기, 맵 크기 조정으로 구성되어 있습니다. 상단 툴바에서 선택하는 바닥, 벽, 오브젝트, 상단 오브젝트, 타일 효과는 세부 설정 영역에서 세부적인 옵션의 선택이 가능합니다. 맵 관리자는 내부 스페이스를 추가해서 공간을 확장할 때 사용할 수 있습니다.

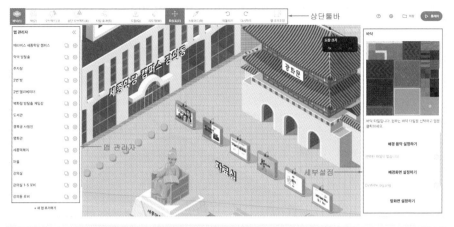

[그림 3-12] 맵 에디터 구성

3. 맵 에디터로 수업 공간 커스터마이징

맵 에디터 사용법을 이해하고 이를 활용한다면 자신만의 메타버스 공간을 제작하는 능력을 키울 수 있습니다.

맵에서 여러 유저가 활동하고 있을 때 호스트가 맵 에디터로 커스터마이징을 하고 이를 적용하기 위해 수정 사항을 저장하면 참여하고 있던 유저들은 새로 고침을 한 것과 같이 튕겨나갔다가 다시 입장하게 됩니다. 이때 자동으로 입장하게 하기 위해서 호스트는 채팅방에 !destroy를 입력해 모든 참가자를 일시적으로 강제로 퇴장시키고 방을 새로 고침 할 수 있습니다.

1) 바닥 기능 설정

공간 바닥에 새로운 디자인의 바닥 타일을 설치할 수 있는 메뉴입니다. 바닥에 아무것도 없는 빈 맵에서 메타버스 공간을 제작할 때 사용하거나 템플릿으로 만든 공간에서 맵의 크기를 조정해 공간을 확장할 때 사용하면 좋습니다.

상단 툴바에서 바닥 메뉴를 선택하고 중간 기본 조작 부분의 도장을 선택합니다. 도장 메뉴는 바닥과 벽, 오브젝트와 상단 오브젝트, 타일 효과를 공간에 삽입할 때 사용하는 기능입니다. 바닥 타일의 디자인을 선택하고 맵에 바닥 타일을 설치할 수 있습니다. 바닥과 벽 메뉴에서 사용되는 것이 도장 크기 기능입니다. 기본적으로 바닥 1칸에 바닥이나 벽 타일을 설치할 수 있지만 도장 크기를 2X로 바꾸면 도장 4개(가로 2배, 세로 2배), 4X로 바꾸면 도장 16개(가로 4배, 세로 4배)를 한꺼번에 설치할 수 있기 때문에 넓은 공간의 바닥이나 벽을 타일로 설치할 때에는 도장 크기를 변경하는 것이 편리합니다. 참고로 ZEP에서 바닥 1개의 사이즈는 32px×32px입니다. 바닥 도장의 세부 설정에서 배경음악을 설정할 수 있습니다. 배경음악을 업로드하면 아바타가 공간에 접속할 때 배경음악이 계속 흘러나오게 됩니다.

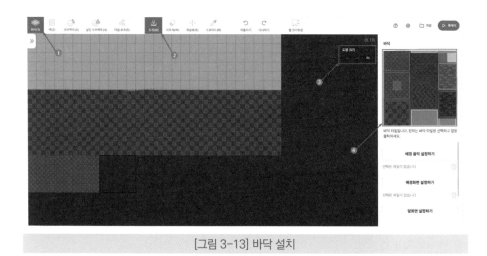

[그림 3-13] 바닥 설치

빈 공간을 바닥 타일로 채우는 것이 아니라, 디자인으로 사용하기를 원하는 이미지로 채워 배경 화면을 설정할 수 있습니다. 배경 화면 설정하기와 앞 화면 설정하기 2가지 방식이 있는데, 배경 화면 설정하기는 레이어 가장 아래쪽에 배경 이미지가 배치되는 방식입니다. 따라서 배경 화면 설정하기로 배경을 설정하면 배경 화면 위에 설치한 바닥과 벽, 오브젝트, 상단 오브젝트가 보이게 됩니다.

반대로, 앞 화면 설정하기는 위쪽에 배경 이미지가 배치되는 방식입니다. 앞 화면 설정하기로 배경을 설정하면 바닥, 벽, 오브젝트를 도장으로 삽입해도 레이어가 배경 화면 아래쪽으로 배치되기 때문에 보이지 않습니다. 그뿐 아니라 플레이 화면에서 아바타도 앞 화면으로 설정된 배경 화면 아래쪽으로 움직이기 때문에 움직이는 모습을 보기 어렵습니다. 그러나 특정 화면만 레이어가 위쪽에 배치되기를 원한다면, 배경 화면 설정하기로 기본 배경을 설정하고 앞 화면 설정하기로 특정 화면을 설정해 입체적인 느낌의 배경을 구성할 수 있습니다. 이때 배경 화면과 앞 화면의 이미지 사이즈를 사전에 일치시키면 편집이 편리합니다. 일반적으로는 배경 화면 설정하기에 준비된 이미지를 배경으로 활용할 수 있습니다.

배경 화면의 파일 형식은 JPG나 PNG 등을 활용할 수 있고 이미지의 용량은 10MB 이하로 만드는 것이 좋습니다. 파일의 용량이 너무 크면 검정색 화면이 뜰 수 있습니다. 따라서 준비된 이미지의 크기가 너무 크면 이미지 용량을 낮추는 것이 좋습니다. 또한 컴퓨터 환경뿐 아니라 모바일 환경에서도 배경 화면에 문제가 없는지 확인해보는 것이 좋습니다. 배경 화면을 확인하지 않고 맵을 제작했다가 마지막 부분에서 배경에 문제가 생기는 경우 수정하기가 매우 어렵기 때문에 반드시 확인 절차를 거쳐야 합니다.

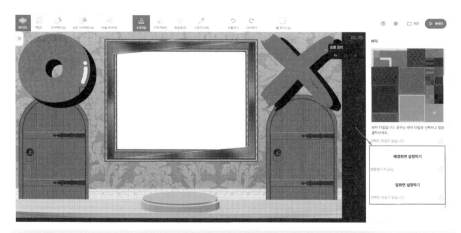

[그림 3-14] 배경 화면으로 바닥 설치하기

잽을 제작하다 보면 배경 화면 이미지뿐 아니라 오브젝트를 이미지로 만들어서 사용할 때에도 이미지 크기를 조절해야 하는 경우가 생깁니다. 이때 사용하기 좋은 도구가 ResizePixel[1]입니다. 이 도구는 별도의 설치 단계 없이 웹에서 바로 실행할 수 있으므로 편리하게 사용할 수 있습니다. 크기를 조절하려는 이미지를 선택해 업로드한 다음, 직접 이미지 크기를 수치로 입력하거나 퍼센트로 조절할 수 있습니다. 원하는 크기로 이미지 조절이 끝나면 다운로드로 이동해 이미지를 다운로드한 뒤 사용하면 됩니다.

---

1) ResizePixel 주소: https://www.resizepixel.com/ko

[그림 3-15] 이미지 크기 조절

2) 벽 기능 설정

바닥을 설치한 후에 벽타일을 설치할 수 있습니다. 벽타일도 원하는 크기로 도장 크기를 조절해 설치 가능합니다. 벽타일의 디자인을 선택해 맵에 도장으로 설치하는데, 벽타일은 기본적으로 아바타가 지나갈 수 없는 통과 불가의 타일이 됩니다.

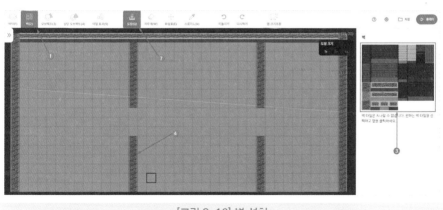

[그림 3-16] 벽 설치

3) 오브젝트 & 상단 오브젝트 삽입

상단 툴바에 오브젝트와 상단 오브젝트가 있는데 이 메뉴에서 맵에 오브젝트를 설치할 수 있습니다. 오브젝트와 상단 오브젝트의 차이점은 레이어의 위치입니다. 오브젝트는 아바타 아래에 오브젝트가 배치되고 상단 오브젝트는 아바타 위로 오브젝트가 배치됩니다. 즉 아바타가 이동하면서 오브젝트를 통과할 때에는 아바타가 오브젝트 위를 지나가게 되고, 상단 오브젝트를 통과할 때에는 아바타가 오브젝트 아래로 지나가게 되는 차이가 있습니다. 그외에는 모든 기능이 동일합니다.

오브젝트를 맵에 삽입하기 위해서 도장 메뉴를 선택하면 사이드에 오브젝트 패널이 활성화됩니다. 이렇게 설치한 오브젝트는 다른 곳으로 옮길 수 없습니다. 다른 곳에 오브젝트를 옮기고 싶으면 스포이트 기능으로 오브젝트를 복사해서 삽입한 후 기존 오브젝트를 삭제하면 됩니다.

오브젝트 패널에서 에셋 스토어는 ZEP 홈페이지의 에셋 스토어로 연결됩니다. 에셋 스토어에서 오브젝트를 추가로 구입할 수 있습니다.

[그림 3-17] 오브젝트 메뉴

① 텍스트 오브젝트

텍스트 오브젝트는 맵에 간단하게 텍스트를 삽입할 때 사용할 수 있습니다. 텍스트 오브젝트 추가를 선택한 다음 삽입하기를 원하는 텍스트를 쓰고 원하는 위치를 클릭하면 텍스트 오브젝트가 삽입됩니다. 그런데 ZEP에서는 삽입하려는 텍스트뿐 아니라 모든 오브젝트의 크기를 조절해 삽입할 수 있습니다. 이것은 매우 유용한 기능으로 게더타운의 경우에는 삽입하려는 오브젝트의 크기가 고정되어 있어서 사용자가 크기를 변경하기 매우 어려운데, ZEP은 매우 간단하게 오브젝트의 크기를 수정해 삽입할 수 있습니다. 대신 이미 삽입한 오브젝트의 크기를 변경할 수는 없기 때문에 삽입하기 전에 미리 크기를 변경해야 합니다.

삽입하려는 텍스트의 크기를 미리 설정한 후에 텍스트 오브젝트 추가를 클릭하고 텍스트를 입력한 후에 원하는 곳을 선택합니다. 크기가 100%의 텍스트와 200%의 텍스트를 비교할 수 있도록 삽입해보았습니다.

[그림 3-18] 텍스트 오브젝트 추가

② 나의 오브젝트

자신이 맵에 추가했던 오브젝트가 즐겨찾기 형식으로 올라가서 다시 찾아 삽입하려고 할 때 쉽게 오브젝트를 찾을 수 있습니다. 또한 자신이 가지고 있는 이미지를 업로드해 오브젝트로 추가해 사용할 수 있습니다. 이미지를 오브젝트로 삽입할 때 ZEP의 타일 크기가 32px×32px이기 때문에 이 사이즈의 배수로 이미지 크기를 미리 조절하면 오브젝트를 배치했을 때 비율이 자연스럽습니다. 또한 삽입하려는 이미지의 배경이 투명해야 맵의 배경과 잘 어울립니다. 이미지 배경을 투명하게 해 파일 형식을 PNG로 업로드해야 투명 부분이 적용됩니다. 이미지 배경이 흰색일 경우에는 배경을 투명하게 변경할 수 있는 사이트(remove.bg)를 활용하면 좋습니다.

[그림 3-19] 나의 오브젝트 추가

4) 오브젝트 기능 설정

ZEP은 오브젝트를 배경처럼 설치하는 것에 그치지 않고 오브젝트에 다양한 설정을 해 인터렉티브한 기능을 줄 수 있습니다. 오브젝트를 맵에 설치한 후 도장 상태에서 오브젝트를 설치할 때 클릭했던 지점에 생긴 톱니바퀴를 클릭하면 오브젝트 설정 패널이 확장되어 제시됩니다.

오브젝트 설정은 크게 표시 기능과 웹사이트 기능, 팝업 기능, 개발자 기능으로 구성되어 있습니다. 개발자 기능은 개발자들을 위한 기능이기 때문에 개발자 기능을 제외한 오브젝트 설정 기능을 알아보겠습니다.

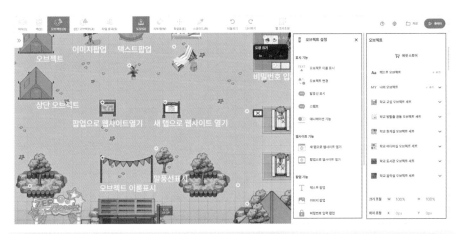

[그림 3-20] 오브젝트 설정 실행

① 오브젝트 이름 표시

오브젝트 이름 표시는 아바타가 오브젝트에 갔을 때 오브젝트에 지정한 이름이 오브젝트 상단에 제시되는 기능입니다. 이름에 원하는 텍스트를 넣으면 됩니다.

[그림 3-21] 오브젝트 이름 표시 기능

② 오브젝트 변경

아바타가 오브젝트에 가까이 오거나 상호작용을 하면 오브젝트를 사라지게 하거나 교체하는 기능입니다. 실행할 동작은 여러 참여자들이 있더라도 오브젝트 변경 설정이 있는 오브젝트의 실행 범위에 들어가거나 상호작용 F를 선택한 개인에게만 오브젝트가 사라지는 동작, 맵에 접속한 모든 유저들에게 오브젝트를 사라지게 하는 동작, 오브젝트를 다른 오브젝트로 변경하는 동작을 설정할 수 있습니다. 비밀번호 입력 팝업 설정과 실행할 동작이 동일하지만 비밀번호를 물어보거나 입력하는 것이 생략되고 실행할 동작만 제공되는 기능입니다.

③ 말풍선 표시

말풍선 표시는 아바타가 오브젝트에 가까이 오거나 상호작용을 할 때 말풍선 형태로 텍스트를 띄우는 기능입니다. 4초 정도 말풍선이 표시되었다가 자동으로 사라집니다. 오브젝트 설정에 자주 반복되는 공통 옵션이 있습니다.

실행 범위는 오브젝트 설정이 작동하는 범위를 사용자가 임의로 정하는 것이 가능합니다. 실행 방법은 오브젝트의 특성이나 상황에 따라 유저가 적절히 설정해야 합니다. 'F키를 눌러 실행'은 아바타가 오브젝트에 가까이 왔을 때 F키를 눌러야 설정한 기능이 실행되는 것이고, '바로 실행'은 아바타가 오브젝트에 가까이 오기만 하면 설정한 기능이 자동으로 실행되는 기능입니다.

기본 설정을 하고 말풍선 텍스트를 입력해 원하는 텍스트를 말풍선 형태로 띄울 수 있습니다.

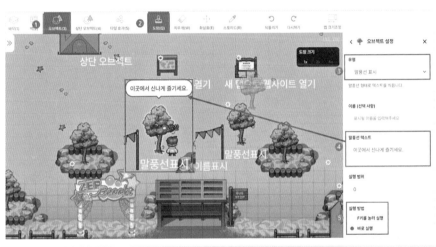

[그림 3-22] 말풍선 표시 기능

④ 스탬프

스탬프는 아바타가 맵을 돌아다니면서 스탬프를 모으거나 스탬프 체커를 이용해 보상을 얻는 등 다양한 활용이 가능한 기능입니다.

오브젝트 설정에서 오브젝트를 스탬프로 설정할 수 있습니다. 스탬프의 개수를 원하는 대로 정해서 스탬프를 설정합니다. 스탬프를 설정할 때에는 스탬프의 이름을 필수적으로 적어야 하고 스탬프 번호를 정하면 스탬프를 찍을 때 위치가 정해집니다. 물론 스탬프를 찾는 순서는 어떤 순서로 찾아도 상관 없습니다.

스탬프 종류로 스탬프 체커가 있는데, 스탬프 체커는 설정한 스탬프를 모두 찍으면 스탬프 체커로 설정한 오브젝트의 동작을 실행시키는 것이 가능합니다. 스탬프 체커 오브젝트가 실행할 동작은 텍스트 팝업과 개인에게만 오브젝트 사라지기가 있습니다. 텍스트 팝업은 호스트가 텍스트로 유저에게 전달하고 싶은 메시지를 전달하는 기능입니다. 단순한 메시지뿐 아니라 중요한 정보를 제공해 문제를 해결하는 데 사용할 수 있습니다. 필요한 스탬프 수를 설정해 스탬프 체커가 활성화되는 데 필요한 스탬프 수를 설정하는 것이 가능합니다. 실행 범위와 실행 방법을 설정하면 스탬프 체커 설정이 끝납니다.

[그림 3-23] 스탬프 기능 설정

스탬프를 사용하기 위해서는 먼저 플레이 화면에서 **ZEP** 앱 관리자를 실행해 스탬프 앱을 설치해야 합니다. 물론 처음에는 설치된 스탬프 오브젝트가 아무것도 없으므로 스탬프 앱을 실행시키면 설정된 스탬프가 없으니 맵 에디터에서 스탬프를 배치해달라는 메시지가 뜹니다.

맵 에디터에서 스탬프 오브젝트와 스탬프 체커 오브젝트를 설정하면 플레이 화면에서 스탬프를 활용할 수 있습니다. 아바타가 맵을 돌아다니다가 스탬프가 설정된 오브젝트와 상호작용하면 스탬프 위젯창이 활성화되며, 스탬프 찍기 버튼을 누르면 스탬프가 획득됩니다. 스탬프 위젯창에 어떤 오브젝트를 찾아야 하는지 나와 있으므로 다음 스탬프 오브젝트를 찾는 힌트가 됩니다.

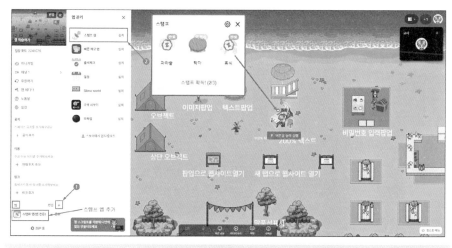

[그림 3-24] 스탬프 기능 실행

스탬프 기능은 오프라인 활동에서 전시관이나 체험관을 방문해 각 코너 활동을 하고 스탬프를 찍어서 활동의 결과물로 사용하는 것을 메타버스에서 실현할 수 있는 기능입니다. 아바타가 맵을 돌아다니며 활동할 때 호스트가 꼭 방문하기를 원하는 곳에 오브젝트를 스탬프로 설정해 참여자에게 스탬프를 모으는 재미를 수면서 공간을 탐색할 수 있도록 합니다. 또한 스탬프를 모두 모은 참여자에게만 스탬프 체커가 실행되기 때문에 이를 활용해 또 다른 방탈출 힌트를 제공해 문제를 해결하는 미션을 구현할 수 있습니다.

⑤ 출석체크

출석체크는 ZEP 스페이스에 참가한 학생들이 하루에 한 번 출석체크를 할 수 있는 기능입니다. 출석체크 기능을 사용하기 위해서는 먼저 플레이 화면에서 ZEP 앱 관리자를 실행해 출석체크 앱을 설치해야 합니다.

참가자는 좌측 사이드 바에 생성된 출석체크 앱을 실행해 간단하게 출석 버튼을 눌러 출석체크를 할 수 있습니다. 관리자는 출석부 설정에서 기준 시간대와 평일만 혹은 주말에도 출석하기를 설정할 수 있고, 출석부 명단을 다운받거나 출석 기록을 모두 초기화할 수 있습니다. 다만 초기화할 경우 기록 복구가 어려우니 주의해야 합니다.

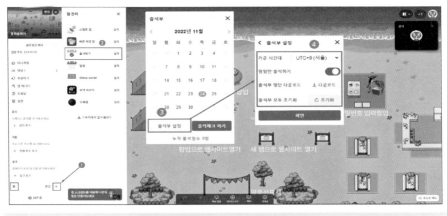

[그림 3-25] 출석체크 기능 실행 및 설정

⑥ 애니메이션

애니메이션 기능은 스프라이트 파일을 통해 GIF처럼 움직이는 오브젝트를 구현할 수 있는 기능입니다. 지금도 자신이 가지고 있는 GIF 파일을 나의 오브젝트로 추가해 삽입할 수 있지만, 이때에는 아바타보다 오브젝트가 레이어 상단으로 설치됩니다. 그러나 애니메이션 기능으로 설치된 오브젝트는 아바타보다 레이어가 하단으로 배치됩니다.

애니메이션 기능을 이용하려면 애니메이션 스프라이트 시트를 준비해야 합니다. 파일은 PNG 형식만 업로드가 가능하고 최대 적용 가능한 파일 용량은 2MB입니다. 애니메이션 이미지는 1열로 만들어주어야 합니다. 이미지의 가로 크기와 세로 크기를 입력해 이미지 전체 사이즈를 입력합니다. 프레임 수는 스프라이트 시트 내 애니메이션 수를 의미합니다. 실행 범위는 애니메이션 오브젝트가 실행될 수 있는 범위로 타일 기준으로 숫자를 기재해줍니다.

⑦ 웹사이트 기능

ZEP에서 다양한 웹사이트를 연결해 활용할 수 있습니다. 유튜브나 패들렛, 홈페이지 등 다양한 웹사이트를 연결할 수 있습니다. 활동 소개, 동기 유발, 활동 과제 및 문제 해결에 필요한 각종 자료를 링크로 연결해 활용합니다. 지루하고 단조로운 공간이 아니라 볼거리, 체험거리를 웹사이트 연결로 풍부하게 할 수 있습니다. 웹사이트를 연결할 때 새 탭으로 웹사이트를 연결하는 방법과 지정한 웹사이트를 ZEP 공간에 팝업으로 연결하는 방법이 있습니다.

웹사이트를 연결할 때 웹사이트 주소가 http로 시작하는 주소(프로토콜에 보안 기능이 추가되지 않은 사이트)이거나 사이트 자체에서 웹 임베드를 막아놓은 경우에는 팝업으로 열기와 고정 영역에 배치하는 웹 링크가 불가능합니다. 팝업으로 웹사이트를 연결한 경우 팝업 사이즈가 전체 화면으로 열기를 선택해도 화면의 반 정도를 차지하기 때문에 실행한 후에 어떤 방식으로 웹사이트를 연결할 것인지 확인하고 설정하는 것이 필요합니다.

[그림 3-26] 웹사이트 연결

⑧ 텍스트 팝업 & 이미지 팝업

오브젝트에 특정한 텍스트나 이미지를 연결해 팝업으로 화면에 제시하는 기능입니다. 활동을 안내하는 메시지를 텍스트로 제시하거나 행사 및 활동과 관련한 이미지를 제시해 참여자들에게 도움을 줄 수 있습니다.

팝업으로 띄울 이미지를 업로드하거나 텍스트를 입력한 후 실행 범위와 실행 방법을 설정합니다.

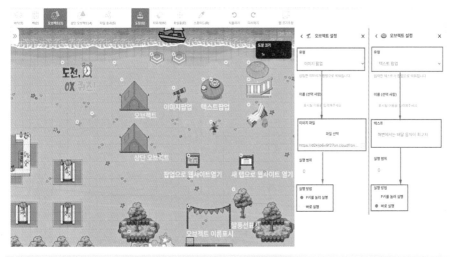

[그림 3-27] 텍스트 & 이미지 팝업

⑨ 비밀번호 입력 팝업

비밀번호 입력 팝업은 사용자가 특정 오브젝트와 연동해 비밀번호를 입력해 올바른 비밀번호를 입력해야만 동작을 실행하도록 하는 기능입니다. 비밀번호 오브젝트는 기본적으로 아바타가 통과할 수 없는 효과를 포함합니다. 따라서 오브젝트 사라지기 옵션 등을 활용하면 비밀번호 문 등을 만들어서 방탈출 미션에 활용하기 좋습니다. 그리고 한 맵에 여러 비밀번호 오브젝트를 설치해 문제를 맞히면 힌트를 주고, 그 힌트들을 조합해서 최종 미션을 해결하는 방식의 종합적인 방탈출 맵을 만들면 흥미를 더할 수 있습니다.

수학 및 과학 단원평가, 독서 후 활동, 속담이나 사자성어 학습 등 다양한 주제로 학습을 정리하고 평가하는 데 비밀번호 입력 팝업을 활용하면 좋습니다.

[그림 3-28] 비밀번호 입력 팝업 설정

비밀번호 입력 팝업에서 비밀번호 설정에 쓰는 텍스트는 문제를 의미하고 비밀번호는 정답을 뜻합니다. 띄어쓰기도 정확해야 정답으로 인정합니다. 비밀번호는 간단한 주관식으로 물어보거나 선택형을 제시하고 답은 번호를 쓰도록 하면 간단한 선택형 문항도 가능합니다. 또한 OX를 선택하도록 해 OX 퀴즈 형식으로 문항을 만들어도 좋습니다.

비밀번호 입력 시 실행할 동작과 기능들은 다음과 같습니다.

비밀번호 입력 시 실행할 동작	기능
오브젝트 사라지기	비밀번호를 올바르게 입력하면 맵에 있는 모든 참가자들에게서 오브젝트가 사라집니다.
개인에게만 오브젝트 사라지기	비밀번호를 올바르게 입력하면 오브젝트가 정답을 입력한 개인에게만 사라집니다. 따라서 개인전으로 방탈출을 할 때 유용한 기능입니다.
오브젝트 교체	비밀번호 입력 시 오브젝트를 교체합니다. 오브젝트가 교체되면 아바타 통과 불가 효과는 사라집니다.
텍스트 팝업	비밀번호 입력 시 텍스트를 팝업합니다. 새로운 힌트나 다음 미션을 알려주는 방식을 사용하면 좋습니다.
이미지 팝업	비밀번호 입력 시 오브젝트에 변화 없이 지정한 이미지를 팝업합니다.

비밀번호 입력 팝업이 설정된 오브젝트와 상호작용하면 다음과 같이 문제와 정답을 입력할 수 있는 팝업이 뜹니다. 비밀번호 입력 팝업을 맵에 여러 개 설치해 정답을 입력한 사람들에게 특별한 정보를 주거나 오브젝트를 사라지게 함으로써 다양한 방식의 방탈출을 만들어서 사용할 수 있습니다.

[그림 3-29] 비밀번호 입력 팝업 실행

5) 타일 효과

ZEP은 바닥 타일에 특별한 기능을 추가할 수 있습니다. 캐릭터 이동과 관련된 통과 불가와 스폰, 다른 곳으로 이동하는 포털과 지정 영역, 비디오와 오디오를 설정할 수 있는 프라이빗 공간과 스포트라이트, 유튜브와 웹 링크, 배경음악 미디어를 배치할 수 있는 미디어 설정이 가능합니다.

① 통과 불가

통과 불가 타일 효과는 아바타가 지나갈 수 없는 타일을 설치하는 기능입니다. 통과 불가 타일을 설치하는 것은 보통 2가지 목적이 있습니다. 첫 번째는 현실감을 높이기 위한 이유입니다. 아바타가 배경 이미지와 오브젝트 위를 지나서 이동하는데 때로는 아바타가 지나가면 어색한 부분들이 있습니다. 예를 들어 세종대왕 동상 위를 지나가거나 건물 위를 지나다니면 현실감이 떨어질 수 있습니다. 이런 경우 통과 불가 타일을 설치하면 아바타가 돌아서 가게 됩니다. 두 번째는 호스트가 맵을 구성하면서 아바타가 통과하지 않기를 바라는 영역들이 있는 경우입니다. 비밀번호 입력 팝업으로만 지나가게 하고 싶은데 옆쪽으로 아바타가 지나가버리면 비밀번호 입력 팝업이 불필요하게 될 수 있고, 또는 정해놓은 길로 이동하도록 하고 다른 곳으로는 이동하지 못하게 할 때 통과 불가 타일을 배치하면 좋습니다.

통과 불가 타일을 선택하고 도장 메뉴를 선택한 상태에서 원하는 곳에 타일을 설치하면 됩니다. X자가 포함된 빨간색 타일로 통과 불가 타일이 설치됩니다. 만약 원하지 않는 곳에 통과 불가 타일이 설치되었다면 지우개 메뉴를 선택한 뒤 지워서 잘못 삽입된 타일을 삭제할 수 있습니다.

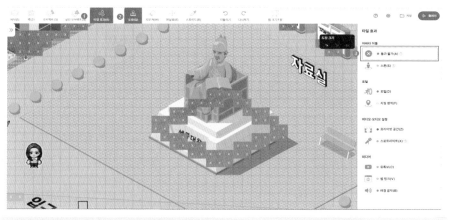

[그림 3-30] 통과 불가 타일 효과

② 스폰

스폰은 아바타가 맵에 처음 접속할 때 생성되는 위치를 지정하는 곳입니다. 스폰을 타일 하나에 배치하면 동시에 여러 참여자가 공간에 접속할 때 아바타들이 한곳에 겹쳐서 등장하게 됩니다. 따라서 여러 곳에 분산해 스폰을 설치하면 아바타들이 분산되어 공간에 접속하게 됩니다. 동시 접속이 많은 큰 행사일 때에는 스폰을 여러 곳으로 분산해서 배치하는 것이 좋습니다.

도장 메뉴를 선택한 후 스폰 타일 효과를 원하는 바닥에 클릭하면 S자가 포함된 초록색 스폰 타일이 배치됩니다.

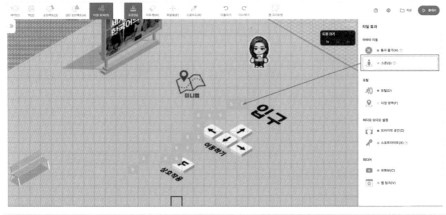

[그림 3-31] 스폰 타일 효과

③ 지정 영역

포털을 효과적으로 사용하는 데 활용될 수 있는 것이 지정 영역입니다. 맵 공간에서 특별한 지점에 표시해 포털에서 그 지점으로 이동하는 데 활용할 수 있습니다.

지정 영역을 지정하기 위해서는 먼저 영역 이름을 설정해야 합니다. 영역 이름은 숫자, 한글, 영어 모두 가능합니다. 맵을 제작할 때 기억하기 쉬운 이름을 사용하는 것이 좋습니다. 지정 영역을 설치하는 목적은 포털을 통해 이동할 때 사용한다는 점이 크기 때문에 어떤 곳에서 포털을 통해 지정 영역으로 이동할 것인지 계획해 지정하는 것을 권장합니다.

또한 지정 영역 타일의 너비와 높이도 입력해줍니다. 타일 숫자로 지정되기 때문에 보통 너비와 높이를 1로 지정하고 그것을 도장 메뉴로 여러 곳에 복사해 배치하면 원하는 곳에 지정 영역 타일을 설치할 수 있습니다.

도장 메뉴를 선택한 후 지정 영역 타일 효과를 원하는 바닥에 클릭하면 지정 영역 이름 글자가 포함된 노란색 지정 영역 타일이 배치됩니다.

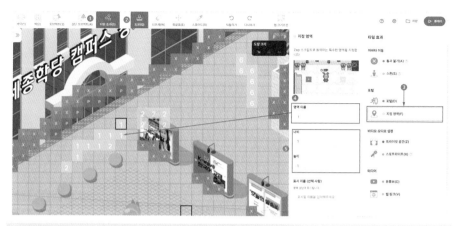

[그림 3-32] 지정 영역 타일 효과

④ 포털

포털(Portal)이라는 단어는 영어로 정문 또는 입구를 뜻합니다. 웹 포털 또는 포털(영어: Web Portal 또는 Portal) 또는 비공식 용어로 포털 사이트(Portal Site, 문화어: 문형웹사이트)는 월드 와이드 웹에서 사용자들이 인터넷에 접속할 때 기본적으로 거쳐가도록 만들어진 사이트를 뜻합니다.[2]

ZEP에서 포털은 다른 곳으로 이동할 때 입구와 같은 역할을 하는 타일 효과입니다. 포털은 호스트가 만들어서 제작 중인 스페이스 내에 다른 맵을 추가해 그 맵으로 이동할 수도 있고, 현재 맵에서 지정 영역으로 이동할 수도 있습니다. 그리고 외부 스페이스로 이동하는 것도 가능합니다.

타일 효과에서 포털을 선택한 후에 어떤 곳으로 이동할지 선택합니다. 먼저 스페이스 내 다른 맵으로 이동하는 방법을 알아보겠습니다. 스페이스 내 다른 맵은 사전에 맵 관리자에서 새 맵 추가하기로 맵을 추가해야 합니다. 새 맵을 추가하는 방법은 ZEP에서 제공하는 기본 템플릿을 선택하거나 구매한

---

2) 위키백과 참고

맵에서 선택해 만들 수 있습니다. 빈 맵에서 새롭게 만들어서 맵을 만들 수도 있습니다. 이렇게 추가해서 만든 맵 중에서 이동할 맵을 선택합니다. 이동할 맵에 지정 영역을 선택하지 않으면 그 맵의 스폰으로 아바타가 생성되고, 만약 이동할 맵에 지정 영역을 타일 효과로 사전에 설정했다면 선택 사항의 지정 영역을 기록합니다. 맵에서 이동하는 방법은 'F키를 눌러 이동'하는 방법이 있고 '바로 이동'하는 방법이 있습니다. 그리고 포털 오브젝트 숨기기 기능을 체크할 수 있습니다. 포털을 인식할 수 있는 오브젝트나 문 디자인이 있다면 포털 오브젝트를 숨기는 것이 좋고, 특별한 오브젝트가 배치되어 있지 않다면 포털 오브젝트 숨기기를 체크하지 않는 것이 좋습니다.

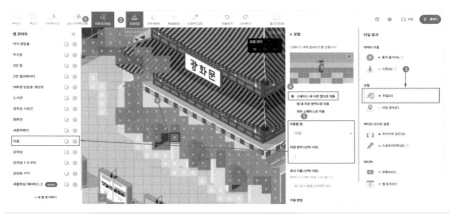

[그림 3-33] 포털 효과-스페이스 내 다른 맵으로 이동

스페이스 내 다른 맵으로 이동할 때 지정 영역을 사전에 설정하면 포털에 접속해 이동할 때 사전에 설정한 맵의 지정 영역으로 아바타가 이동하게 됩니다. 그리고 이동한 맵에서 다른 맵으로 이동하는 포털을 만들면 여러 맵을 이동하는 확장된 메타버스 스페이스를 구성할 수 있습니다.

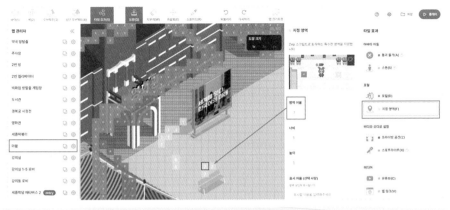

[그림 3-34] 스페이스 내 다른 맵 지정 영역 설정

　포털의 이동 방법 중 맵 내 지정 영역으로 이동하는 메뉴는 현재 맵 내에서 지정 영역으로 이동시킬 때 사용할 수 있습니다. 이때 지정 영역의 이름을 필수로 입력해주어야 합니다. 원하는 지정 영역의 이름을 포털 세부 설정의 포털의 지정 영역 이름 칸에 정확하게 입력합니다.

　그리고 포털 타일 효과에서 외부 스페이스로 이동할 수 있습니다. 이때 이동할 외부 스페이스의 주소를 입력해야 외부 스페이스로 이동시킬 수 있습니다. 이동할 외부 스페이스의 주소가 다음과 같다고 하면 노란색 음영 부분이 개별 생성된 주소입니다. 이동할 외부 스페이스의 ID 입력 부분에 개별 생성된 주소만 복사해 붙여 넣으면 됩니다. 지정 영역이 있을 경우에는 지정 영역을 기록하고 이동 방법과 포털 오브젝트 숨기기를 설정합니다.

https://zep.us/2R0MnR

https://zep.us/개별 생성된 주소

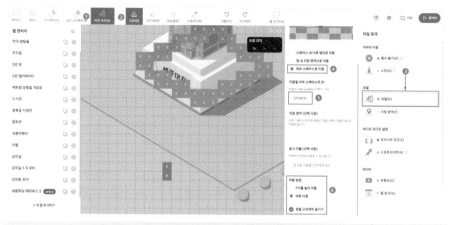

[그림 3-35] 외부 스페이스로 이동 설정

⑤ 프라이빗 공간

프라이빗 공간은 아바타들의 거리와 상관없이 그 영역 안에만 들어가면 화상과 마이크가 켜져서 비공개로 대화할 수 있는 타일을 지정하는 기능입니다. 프라이빗 공간을 활용하면 회의실, 조별 모임 공간, 카페 좌석 공간, 토론 시 찬성 편과 반대 편 공간 등을 구현할 수 있습니다. 이 공간에 들어가면 다른 아바타의 방해를 받지 않고 서로 대화하면서 의견을 나누기 좋습니다.

프라이빗 공간 타일을 설정할 때 영역 ID를 지정해야 합니다. 영역 ID는 숫자만 가능합니다. ID가 같은 공간은 서로 붙어 있든 떨어져 있든 상관없이 프라이빗 공간이 활성화되어 비디오와 오디오가 공유됩니다.

프라이빗 공간에 있는 참여자가 이미지나 문서를 공유해 회의나 협업을 하기를 원한다면 프라이빗 공간에 오브젝트를 삽입한 후에 오브젝트 설정에 게시물을 연결합니다. 이때 해당 프라이빗 공간에 있는 유저만 이미지를 공유하기 위해서는 오브젝트에 비밀번호 입력 팝업을 설정해 비밀번호 입력 시 실행할 동작으로 이미지 팝업을 선택하면 됩니다.

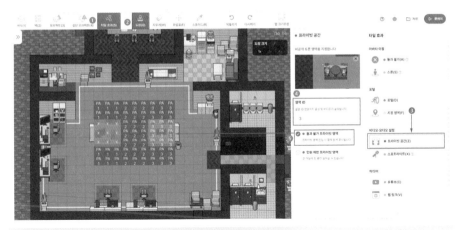

[그림 3-36] 프라이빗 공간 설정

프라이빗 공간 타일 세부 설정에서 추가 설정으로 통과 불가 프리이빗 영역을 체크하면 프라이빗 공간이면서 동시에 통과 불가한 타일로 설정할 수 있습니다. 이렇게 설정된 타일은 통과 불가 타일인 빨간색에 프라이빗 ID가 표기된 형태를 띠게 됩니다.

여러 유형으로 설정을 적용해서 사용하면 [그림 3-37]의 ①번 부분은 책상 부분에 통과 불가 타일을 설치해 책상에 올라갈 수는 없지만, 프라이빗 영역을 제외하고 어두워지기 때문에 책상 부분이 어두워집니다. ②번 부분은 책상까지 일반 프라이빗 영역을 지정했기 때문에 책상도 같은 프라이빗 영역이 되어 밝게 보이지만, 책상 위로 아바타가 올라갈 수 있어 현실성이 떨어집니다. ③번 부분은 책상 부분에 통과 불가 프라이빗 효과를 설치했기 때문에 책상도 같은 프라이빗 영역이 되어 밝게 보이고 책상 위로 아바타가 통과할 수 없습니다.

그리고 인원 제한 프라이빗 영역을 설정하면 프라이빗 공간 타일은 한 타일에 한 명만 들어갈 수 있습니다.

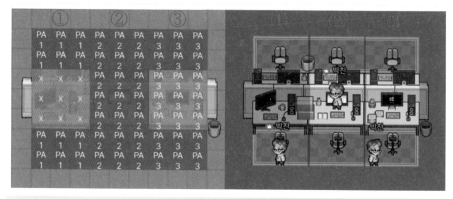

[그림 3-37] 통과 불가 프라이빗 효과

⑥ 스포트라이트

스포트라이트 타일 효과는 아바타가 맵에 있는 모든 아바타에게 자신의 영상과 화상, 채팅을 공개할 수 있는 영역을 지정하는 것입니다. 스포트라이트 위치를 쉽게 알 수 있도록 단상이나 마이크 오브젝트를 설치한 곳에 스포트라이트 타일 효과를 적용하면 좋습니다. 그러나 스포트라이트 타일을 지나치게 많이 설치하면 너무 많은 아바타들이 스포트라이트를 사용하게 되어 스페이스에 지체 현상을 발생시킬 수 있습니다.

물론 호스트와 스태프들은 플레이 화면의 호스트 메뉴에서 스태프 입장 시 스포트라이트 기능을 활성화하면 맵 어디에 있든지 스포트라이트 기능을 사용할 수 있습니다. 행사나 수업을 진행할 때 적절하게 사용하면 전체 참여자들에게 전달할 내용을 스포트라이트 타일을 찾아갈 필요 없이 이동하면서 전체 참여자들에게 이야기할 수 있습니다.

⑦ 미디어: 유튜브

　ZEP은 맵에 유튜브를 원하는 사이즈로 배치할 수 있습니다. 연결할 유튜브의 공유 주소를 복사한 후 연결할 유튜브 URL 주소를 입력합니다. 유튜브가 실행될 화면의 크기를 너비와 높이로 지정합니다. 화면의 크기는 타일의 개수로 지정하는데 미디어 유튜브 타일 효과를 삽입하는 곳이 유튜브 화면의 왼쪽 위 시작 지점입니다. 재생 방법은 참여자가 재생 버튼을 누르면 동영상이 재생되도록 하거나 아바타가 맵에 접속하면 재생 버튼을 누르지 않아도 동영상이 자동으로 재생되도록 설정할 수 있습니다.

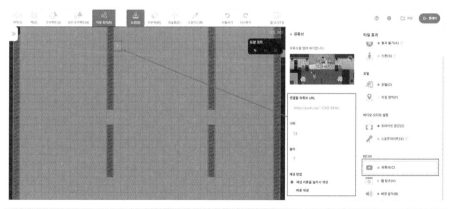

[그림 3-38] 미디어 유튜브 타일 효과

[그림 3-39] 유튜브 타일 실행 화면

⑧ 미디어: 웹 링크

바닥 타일에 웹사이트가 열리는 효과를 지정할 수 있습니다. 연결하고 싶은 웹사이트의 URL을 붙여 넣습니다. 그리고 어떤 형태로 웹사이트를 띄울 것인지 방법을 선택합니다. 팝업으로 열기는 웹사이트를 팝업으로 띄우는 방식으로 팝업 정렬 옵션을 추가적으로 선택해야 합니다.

새 탭으로 열기는 웹사이트를 새 탭으로 열리도록 하는 기능이고, 고정 영역에 배치는 웹사이트를 맵 위에 설치하는 것으로 웹사이트가 띄워질 공간의 너비와 높이를 설정해야 합니다.

웹사이트 이동 방법과 포털 오브젝트를 숨길 것인지 여부를 체크해 설정을 완료합니다.

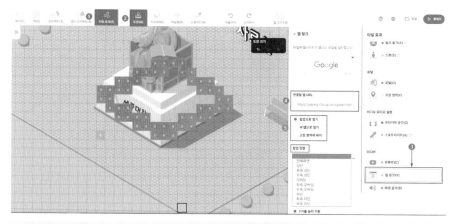

[그림 3-40] 미디어 웹 링크 타일 효과

⑨ 배경음악

배경음악을 타일에 설치하는 기능으로 바닥 메뉴의 배경음악 설정과는 다른 기능입니다. 바닥 메뉴에서 업로드한 배경음악은 맵 전체를 다닐 때 지속적으로 플레이되는 것이고, 타일 효과에서 배경음악은 해당 타일에 왔을 때만 플레이된다는 차이가 있습니다. 물론 활성 거리를 크게 하면 타일로부터 거리가 떨어져도 음악이 재생되지만 멀어지면 음악이 멈춥니다. 따라서 타일 효과에서 배경음악은 긴 음악보다는 효과음처럼 짧게 사용할 수 있는 음향 파일이 효과적입니다.

음향 파일은 컴퓨터 내에 저장되어 있는 MP3 형태의 음악 파일을 업로드합니다. 활성 거리를 통해 타일이 실행되는 활성 거리를 설정합니다. 만약 활성 거리를 0으로 설정하게 되면 아바타가 해당 타일 위에 있을 때에만 음악이 재생됩니다.

반복 재생에서 한 번만 재생을 체크하면 음악 파일이 한 번만 재생되고, 반복 재생에 체크하면 음악 파일이 반복해서 재생됩니다.

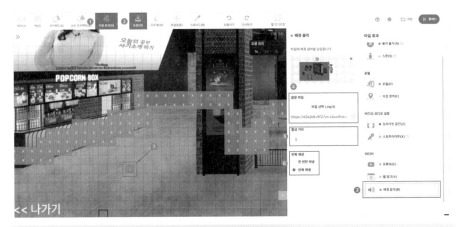

[그림 3-41] 미디어 배경음악 타일 효과

⑩ 저장과 플레이

맵 에디터에서 작업한 것을 저장하고 플레이해서 확인할 수 있는 기능입니다. 특히 맵 에디터에서 여러 효과를 준 후에는 반드시 저장해야 하고, 플레이 버튼을 눌러 실행해 제작한 것을 확인하는 과정을 거쳐야 합니다. 저장은 자주 하는 것이 좋고 맵 에디터를 실행해놓은 상태로 오랜 시간 컴퓨터를 사용하고 있지 않았다가 이어서 맵 에디터로 작업하면 저장이 되지 않을 수 있습니다. 따라서 일정 부분 제작이 되면 저장하고 확인하는 습관을 길러야 합니다.

IV

메타버스 ZEP
방탈출 공간 제작

Ⅳ. 메타버스 ZEP 방탈출 공간 제작

메타버스 공간에서 학생들과 다양한 수업을 할 수 있습니다. 그중에서 방탈출이라는 흥미로운 콘텐츠를 메타버스에 접목해 방탈출을 하면서 자연스럽게 학습에 대한 복습과 평가가 이루어지게 할 수 있습니다.

방탈출 콘텐츠를 만들 때에는 크게 3가지 형식으로 제작할 수 있습니다. 첫 번째로 OX퀴즈 형식을 활용해서 계속된 OX퀴즈의 정답을 끝까지 맞혀 공간을 탈출하는 방법으로 방탈출을 만들 수 있습니다. 두 번째는 하나하나 문제를 맞히면서 다음 공간으로 진행해 최종 목적지까지 도달하는 방법입니다. 세 번째로는 흩어져 있는 힌트를 모아서 최종 방탈출 문제의 정답을 입력해 공간을 탈출하는 방법이 있습니다.

1. OX퀴즈 형식 방탈출

1) 시작 화면 구성하기

OX 방탈출(https://zep.us/play/8rPW4p) 맵의 시작 화면을 제작했습니다. 방탈출을 하기 위해 참여자들이 스페이스에 접속하면 처음 입장하는 공간입니다. 따라서 방탈출에 대한 안내나 어디로 이동해야 되는지를 알려주어야 합니다. 먼저, 시작 화면에서 스폰과 통과 불가 타일을 적절하게 배치합니다. 가장 중요한 것은 OX퀴즈가 시작될 수 있도록 문제가 있는 스페이스로 연결하는 것입니다. 이를 위해 문제 맵을 만들고 포털을 이용해서 첫 번째 문제가 있는 공간으로 이동할 수 있도록 포털 타일 효과를 배치합니다. 포털 오브젝트는 숨기기로 하고 문 오브젝트에 포털 타일을 삽입하면 효과적입니다.

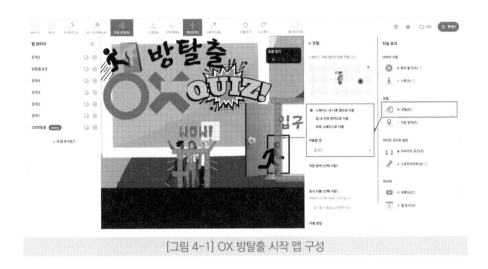

[그림 4-1] OX 방탈출 시작 맵 구성

2) 문제 맵 구성하기

문제 맵은 문제를 출제하는 공간과 OX를 의미하는 오브젝트, 시작하는 위치 오브젝트로 공간을 구성했습니다. 참여자가 문제를 보고 OX를 선택해 이동하면 정답인지 오답인지에 띠리 디른 걸괴를 연출하도록 포털을 십입했고, 정답을 선택하면 다음 문제 맵의 시작(지정 영역) 위치로 이동할 수 있도록 포털을 설치했습니다.

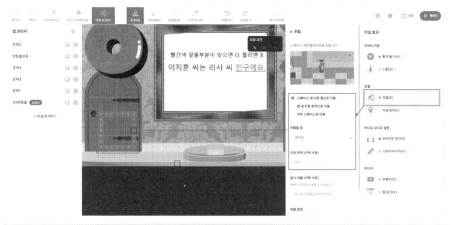

[그림 4-2] OX 방탈출 정답 선택 포털

반면에 오답을 선택하면 문제를 다시 풀 수 있게 시작 위치로 이동하도록 포털과 지정 영역을 설정했습니다. 다시 문제를 풀 수 있는 기회를 제공해 문제의 정답을 정확히 이해하고 다음 문제에 참여할 수 있습니다.

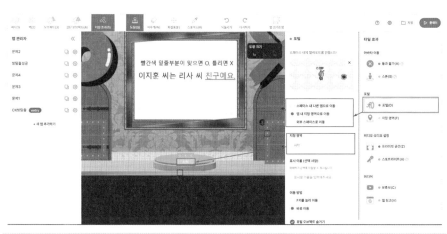

[그림 4-3] OX 방탈출 오답 선택 포털

방탈출 문제를 계속해서 풀다가 오답을 선택하면 완전 학습을 위해서 해당 문제만 다시 풀도록 하지 않고 첫 번째 문제부터 다시 풀 수 있도록 포털을 문제1 스페이스로 이동하도록 설정했습니다. 학생들이 처음부터 다시 문제를 풀면서 반복적인 학습이 자연스럽게 이루어져 문제를 완전히 이해할 수 있습니다.

[그림 4-4] OX 방탈출 반복학습 방법

3) 방탈출 성공 맵 구성하기

모든 OX퀴즈를 풀어서 방탈출에 성공한 참여자를 위한 공간을 구성했습니다. 방탈출에 성공한 참여자를 축하하는 디자인과 누가 방탈출에 성공했는지를 확인하고 소감을 적을 수 있도록 패들렛을 연결했습니다. 패들렛을 오브젝트 설정의 웹사이트 기능으로 새로운 페이지로 연결할 수도 있지만, 타일 효과로 웹 링크를 연결하는 방식을 선택해보았습니다. 구글 설문을 연결해 기록을 남겨도 좋습니다.

[그림 4-5] OX 방탈출 성공 맵 구성

2. 공간 이동 형식 방탈출

공간 이동 형식의 방탈출은 여러 스페이스를 이동하면서 문제를 풀 수 있고, 한 스페이스 내에서 공간을 분리해 문제를 풀면서 공간을 이동함으로써 방탈출 하는 방식으로 구성할 수도 있습니다. 학생들이 책을 읽고 방탈출을 하면서 책의 내용에 대해 이해하는 독서퀴즈 방탈출 제작 사례를 안내하겠습니다.

1) 공간 구성하기

독서 퀴즈 방탈출 맵(https://zep.us/play/yxaoNV) 공간은 크게 2부분으로 구성했습니다. 스페이스를 만들 때 ZEP에서 제공하는 교실 맵 템플릿으로 만들고 맵 크기 조정을 통해 오른쪽으로 공간을 확대해 맵의 크기를 키웠습니다. 오른쪽 빈 공간에는 바닥과 벽을 적절히 배치했습니다. 벽으로 공간을 6개로 분리해 5개 문제를 풀도록 구성했습니다. 벽을 설치할 때에는 비밀번호 입력 팝업을 설정하는 오브젝트 실치 공간을 직절하게 남겨놓고 벽을 설치해야 합니다. 그래야 문세를 푼 후에 오브젝트가 사라져서 아바타가 통과하는 통로를 확보할 수 있습니다.

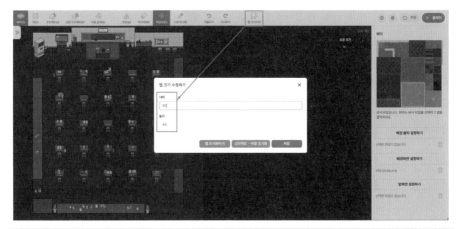

[그림 4-6] 맵 확장

2) 확장된 공간 디자인하기

옆으로 확장한 공간은 처음에는 빈 화면입니다. 따라서 바닥과 벽을 설치해 방탈출 할 공간을 제작합니다. 바닥을 만들 때에는 도장 크기를 가급적 4X(즉 가로 4배, 세로 4배, 도합 16배)로 변경해 한 번에 16타일을 원하는 바닥 디자인으로 채우는 것이 좋습니다.

벽을 세울 때에는 방탈출 문제의 수를 고려해 공간을 구성하면 좋습니다. 5개의 문제를 낼 예정이라면 비밀번호 입력 팝업으로 설정할 오브젝트를 5개 배치할 것을 미리 생각하고 마지막 방에는 문제를 모두 푼 참여자들이 소감이나 설문을 할 수 있는 공간으로 구성하면 좋습니다.

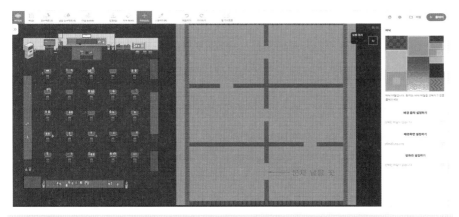

[그림 4-7] 바닥과 벽 설치

3) 방탈출 문제 내기

방탈출 문제를 연결할 수 있도록 벽 사이에 놓을 적절한 오브젝트를 삽입합니다. 오브젝트를 삽입할 때 오브젝트의 크기를 조정하고 싶으면 오브젝트하단의 크기조절에서 W(폭), H(높이)를 원래 오브젝트 크기의 퍼센트로 조절해서 삽입합니다.

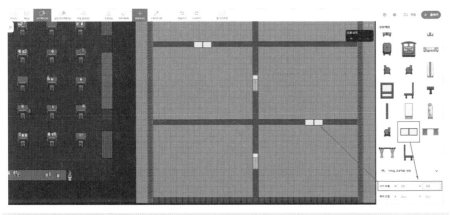

[그림 4-8] 문제로 사용할 오브젝트 배치

방탈출에 사용할 오브젝트를 삽입했으면 오브젝트의 도장 메뉴에서 오브젝트의 톱니바퀴 부분으로 마우스를 가져가서 오브젝트 설정 메시지가 나올 때 클릭합니다. 오브젝트가 여러 개의 타일에 걸쳐 삽입되어 있어도 오브젝트의 정보가 입력되는 곳이 톱니바퀴 모양이 있는 타일이기 때문에 삭제나 오브젝트 설정, 스포이트 메뉴를 사용할 때도 오브젝트 전체를 선택하는 것이 아니라 톱니바퀴 모양이 배치되어 있는 타일을 선택해야 합니다.

오브젝트 설정에서 유형으로는 비밀번호 입력 팝업을 선택합니다. 비밀번호 입력 팝업으로 설정한 오브젝트는 기본적으로 아바타 통과 불과 효과가 적용되기 때문에 방탈출에 활용하기 좋습니다. 세부 설정에서 비밀번호 설명은 문제를 내는 부분입니다. 책 내용과 관련한 질문을 만들어서 입력합니다. 비밀번호는 문제에 대한 정답입니다. 정답을 입력할 때 주의할 것은 띄어쓰기도 고려해야 한다는 점입니다. 정답에서 띄어쓰기를 했으면 플레이할 때 정답 입력 시 띄어쓰기를 하지 않으면 오답으로 인식합니다. 비밀번호 입력 시 실행할 동작은 정답을 정확하게 입력했을 때 어떤 동작을 실행하게 할지 선택하는 메뉴입니다. 방탈출이 개인이 하는 미션일 때에는 개인에게만 오브젝트 사라지기 설정이 가장 적합합니다. 만약 누구 한 명이라도 정답을 입력하면 장애물이 삭제되도록 하고 싶을 때에는 오브젝트 사라지기를 선택하면 됩니다.

만약 방탈출 방법이 장애물을 제거하고 다음 공간으로 이동하는 것이 아니라, 여러 힌트를 모아서 최종 방탈출 문제를 푸는 방식이면 텍스트 팝업이나 이미지 팝업을 선택해 힌트를 하나씩 제공하는 방식을 사용하면 좋습니다.

동일한 방식으로 장애물로 사용할 모든 오브젝트에 비밀번호 입력 팝업으로 문제와 답, 비밀번호 입력 시 실행할 동작을 지정합니다. 비밀번호 입력 팝업으로 사용할 오브젝트의 수가 많을 때에는 하나의 오브젝트에 설정까지 한 후 오브젝트의 스포이트로 오브젝트를 복사해서 다른 곳에 붙여넣기 하면 좋습니다. 스포이트 기능은 오브젝트에 설정한 특성까지 복사하기 때문에 동일한 설정을 한 오브젝트를 간편하게 복사해서 사용할 수 있습니다.

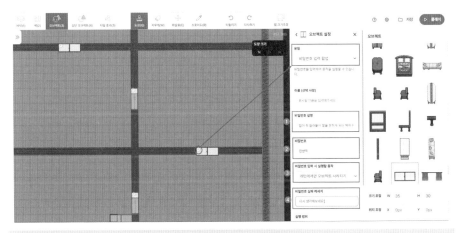

[그림 4-9] 비밀번호 입력 팝업에서 문제 내기

문제를 풀 때 도움을 줄 수 있는 힌트를 제공해주는 것도 좋은 방법입니다. 학생들에게 방탈출 게임을 하는 목적이 학습한 내용에 대해 잘 이해하기를 바라면서 확인하는 문제를 내는 것이기 때문에 힌트를 통해서 잘 몰랐던 것을 이해할 수 있도록 하는 것도 좋은 학습 방법이기 때문입니다. 힌트는 텍스트 팝업으로 줄 수 있고 이미지 팝업으로 제시할 수도 있습니다. 또는 문제에 따라 웹페이지나 유튜브 등으로 제시하는 것도 좋은 방법입니다.

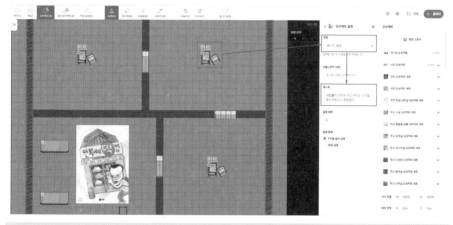

[그림 4-10] 문제 힌트 제공

문제와 힌트를 모두 만들었으면 방탈출을 시작할 수 있습니다. 그런데 현재는 왼쪽의 교실 템플릿에서 오른쪽 독서 방탈출이 서로 연결되어 있지 않기 때문에 두 장소를 오고 갈 수 있는 텔레포트가 필요합니다. 이를 위해서 포털 타일 효과를 적용하는 것이 좋습니다.

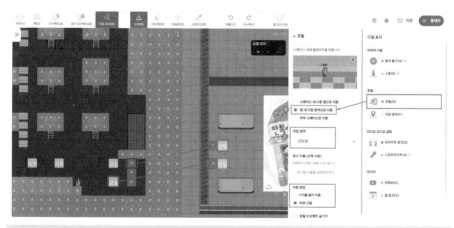

[그림 4-11] 포털 효과 적용하기

포털을 적용하기 전에 맵 내 지정 영역으로 이동해야 하므로 먼저 지정 영역을 만들어야 합니다. 지정 영역의 이름을 입력하고 포털에서 연결할 지정 영역을 삽입합니다. 지정 영역을 삽입할 때에는 위치를 고려해야 합니다. 만약 지정 영역 주위에 다른 포털이 있다면 포털과 지정 영역의 위치를 떨어뜨리는 것이 좋습니다. 참여자가 포털에서 연결되어 지정 영역으로 이동한 다음, 바로 전에 눌렀던 이동 키를 계속해서 누르는 경우가 많아서 바로 인근에 잇는 포털로 연결될 수 있기 때문입니다. 따라서 포털과 지정 영역을 인근에 배치할 때에는 사용자가 어떤 이동 키로 포털에 도착할지를 고려하면서 삽입해야 합니다. 이를 피하기 위해 지정 영역 주위에 포털을 배치하지 않는 것도 좋은 방법입니다.

포털을 사용할 때에는 두 장소를 오고 갈 수 있도록 포털과 지정 영역을 설정해서 공간을 텔레포트할 수 있도록 연결합니다. 이동 방법은 'F키를 눌러 이동'보다 '바로 이동' 방법이 더 적합할 수 있습니다. 포털을 통해 다른 공간으로 사용자가 왔는데 거기에서 또다시 F키를 눌러야 한다면 불필요하게 한 단계를 더 거쳐야 하기 때문에 포털의 경우에는 '바로 이동'하는 방법이 더 적합할 수 있습니다.

방탈출을 하기 전에 임베드로 유튜브나 사이트 등을 연결해 책의 내용을 리뷰하는 학습을 하는 것도 좋습니다. 단순히 방탈출을 하는 것이 중요한 것이 아니라 방탈출 활동을 통해 학습 내용을 정리하는 것이 중요하기 때문에 학습을 정리하고 리뷰하기 좋은 사이트나 영상을 연결해 다음에 학생들이 자발적으로 복습하거나 학습을 정리할 수 있도록 하면 좋습니다.

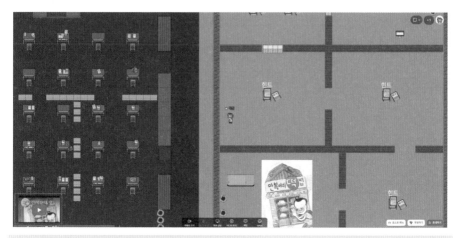

[그림 4-12] 독서 방탈출 공간 체험

방탈출을 위해 만들었던 공간과 유사한 공간을 또다시 사용해야 할 때 처음부터 다시 제작하는 것은 많은 에너지 낭비가 됩니다. ZEP에서는 한번 제작한 공간은 복사한 후 원하는 형태로 수정해 다양한 방식으로 사용할 수 있습니다. ZEP 홈페이지에서 만들었던 스페이스 오른쪽 하단의 점 3개를 선택하면 스페이스 복사하기와 스페이스 설정 메뉴가 있습니다. 스페이스 복사하기를 선택하면 자신이 제작한 스페이스가 복사됩니다. 복사한 스페이스를 다른 내용이나 형식의 방탈출 공간으로 수정해서 사용할 수 있습니다. 독서 내용으로 만든 방탈출 공간에서 문제와 답만 바꾼다면 수학 방탈출, 과학 방탈출, 미술 방탈출 등 다양한 교과에 사용 가능합니다. 학생들도 같은 형식의 방탈출 공간이기 때문에 익숙하게 문제를 풀어서 방탈출 미션을 해결할 수 있습니다.

[그림 4-13] 스페이스 복사하기

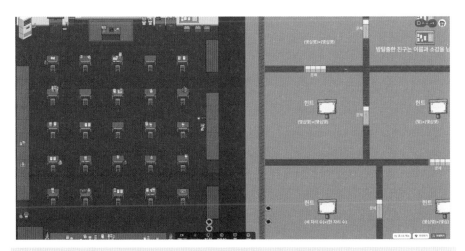

[그림 4-14] 복사한 스페이스 수정해 사용하기

3. 힌트 조합 미션 해결 방탈출

방탈출 카페에서 방탈출을 경험해보면 여기저기 흩어져 있는 힌트를 모으고 그 힌트들을 조합해서 최종 문제를 해결하는 방식으로 구성되어 있습니다. 즉, 단순하게 문제들을 순차적으로 풀면서 해결하는 것이 아니라 병렬적으로 분산되어 있는 힌트들을 모으고 그 힌트들을 조합해 방탈출에 성공하는 방식입니다. 이 공간을 구성하기 위해서는 최종 미션 해결 문제와 답은 어떻게 구성할 것인지, 어떤 형식으로 힌트를 줄 것인지, 힌트들을 조합하는 방식은 어떻게 할 것인지 등의 설계가 필요합니다. 힌트 조합 미션 해결 방탈출의 사례로 ZEP에서 제공했던 '지금 우리 스쿨은'이라는 맵을 활용해보았습니다. 원래 맵에서는 힌트를 가서 찾는 형식이었는데 오브젝트 설정에서 비밀번호 입력 팝업으로 사자성어에 대한 문제를 풀고 힌트를 얻은 다음, 최종 문제에서 그 힌트를 조합해 탈출하기 위한 사자성어를 맞히는 방식을 사용했습니다.

제작한 맵은 사자성어 방탈출(https://zep.us/play/2R0MnR)이라는 공간으로 제작했습니다. 공간에 입장하면 학교 건물로 들어가서 방탈출을 시작합니다. 배경음악도 바닥에 설정했기 때문에 스산한 분위기를 연출해 방탈출에 몰입하도록 구성되었습니다. 배경음악 소리를 줄이기 위해서는 설정에서 기타 설정에 들어가면 스페이스 배경음악 볼륨을 조절할 수 있습니다.

[그림 4-15] 힌트 조합 방탈출 힌트 설정

학교로 입장하면 1층 복도로 들어가고 그곳에서 학교 탈출 가이드 오브젝트에 입장합니다. 방탈출을 하는 방법 안내를 표시해주었는데 간혹 참가자들이 이를 지나칠 수도 있습니다. 물론 모든 참가자들이 가이드를 확인하는 것이 좋지만, 이것 또한 방탈출을 하기 위한 여러 가지 힌트를 스스로 획득해야 한다는 취지에 따라 선택적으로 볼 수 있는 방식을 선택했습니다. 가이드에서 옥상으로 가야 한다는 안내와 옥상 암호가 총 4글자이고 사자성어로 되어 있다는 것, 각 교실에서 암호에 들어가는 글자를 하나씩 찾아서 조합해야 하고 문제를 풀 때에는 꼭 확인을 누르라는 가이드가 제공됩니다. 방탈출을 잘할 수 있도록 제공한 가이드를 잘 숙지하는 참가자가 실제로 방탈출에 성공할 수 있습니다. 참가자들에게 작은 힌트도 가볍게 여기지 않도록 가이드부터 문제를 해결하는 열쇠처럼 제공했습니다.

[그림 4-16] 방탈출 가이드

힌트가 숨겨진 오브젝트에 가서 문제를 풀면 힌트를 얻을 수 있습니다. 문제 자체도 사자성어를 알아맞히는 형식을 취했습니다. 문제를 맞히면 비밀번호 입력 시 실행할 동작으로 이미지 팝업을 선택하고 해당되는 이미지를 연결해두었습니다.

[그림 4-17] 힌트 조합 방탈출 힌트 설정

최종 문제가 사자성어를 입력하는 것이기 때문에 힌트도 4가지로 나누었습니다. 비밀번호 입력 시 팝업 이미지는 숫자와 글자가 함께 제공되도록 했고 특별한 설명을 주지 않았습니다. 참가자들이 다른 힌트를 찾다 보면 계속해서 숫자와 글자가 제공되기 때문에 이것을 조합하면 4글자로 이루어진 사자성어가 무엇인지 찾을 수 있도록 안내했습니다.

[표 4-1] 방탈출 힌트 문제와 답 팝업 이미지

문제	답	비밀번호 입력 시 팝업 이미지
어릴 때부터 함께 커온 오랜 친구를 뜻하는 사자성어는?	죽마고우	③ 감
사방으로 이리저리 바삐 돌아다닌다는 뜻의 사자성어는?	동분서주	① 고
정도가 지나친 것은 미치지 못한 것과 같다는 사자성어는?	과유불급	② 진
처지를 서로 바꾸어 생각함이란 뜻으로 상대방의 처지에서 생각해본다는 사자성어는?	역지사지	④ 래

4개의 힌트를 모두 얻어서 힌트 앞에 있는 번호대로 글자를 조합하면 '고진감래'가 옥상으로 가기 위한 최종 암호임을 알 수 있습니다. 고진감래의 뜻이 고생 끝에 즐거움이 온다는 것이기에, 방탈출을 하기 위해 고생한 끝에 탈출이라는 즐거움을 얻는다는 의미로 이 암호를 선택했습니다. 옥상으로 올라가는 길에 있는 통제구역 오브젝트와 상호작용으로 나온 문제를 풀면 오브젝트가 사라져서 옥상으로 올라갈 수 있도록 했습니다.

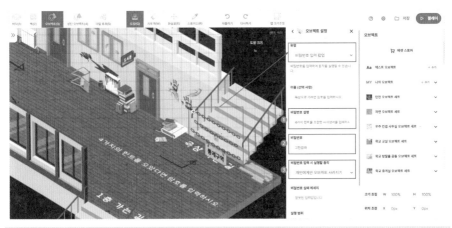

[그림 4-18] 옥상 암호 설정

　옥상에서는 헬기를 타고 다른 곳으로 이동하는 방식으로 포털을 연결했습니다. 탈출자 임시 보호소라는 다른 맵으로 이동할 수 있도록 포털을 연결했으며 바닥에 안내 선이 그려져 있습니다.

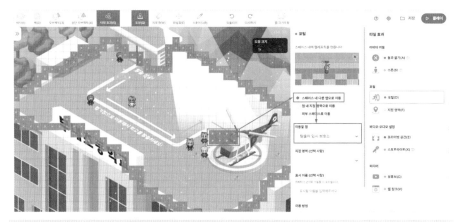

[그림 4-19] 옥상에서 탈출하는 맵 연결

마지막으로 방탈출을 한 참가자들이 모여 있는 맵으로 이동하면 방탈출에 성공하게 됩니다. 방탈출에 성공한 참가자들이 소감을 남길 수 있도록 하면 누가 방탈출에 성공했는지 확인할 수도 있고 피드백을 받아볼 수도 있습니다. 구글 설문이나 자신의 소감을 남길 수 있는 에듀테크를 연결하면 좋습니다. 여기에서는 패들렛에 소감을 남길 수 있도록 웹사이트를 연결했습니다.

[그림 4-20] 방탈출 최종 이동 맵

사자성어라는 소재로 방탈출을 만들어서 사람들이 흥미롭게 참여한 것을 일 수 있습니다. 방탈출이 재미있어서 여러 번 들어와서 참여한 학생들도 있었습니다. 사자성어뿐 아니라 다양한 소재를 이용해 방탈출로 학습을 평가하거나 복습하는 도구로 삼으면 학습의 효과를 높일 수 있을 것입니다.

[그림 4-21] 방탈출 성공 소감

V

3D 기반
메타버스

V. 3D 기반 메타버스

ZEP이나 게더타운과 같은 2D 기반의 메타버스도 있고 제페토, 이프랜드, 모질라허브, SPOT, 스페이셜(Spatial) 등 3D 기반의 메타버스 플랫폼도 있습니다. 물론 디바이스와 데이터 속도 등 제한점이 있지만 3D 기반의 몰입감이 2D 기반의 메타버스 플랫폼과 차별화되는 특징이 있습니다. 3D 기반의 메타버스 플랫폼을 살펴보겠습니다.

1. 모질라허브

1) 모질라허브 시작하기

모질라허브(Mozila Hubs)는 1990년대를 대표하는 오픈소스 웹브라우저인 넷스케이프 출신의 개발자들이 만든 오픈소스 가상 협업 플랫폼으로, 가상의 상호작용이 가능한 공간을 손쉽게 만들 수 있는 메타버스 플랫폼입니다. 'Room'이라고 하는 공간을 만들어 가상의 공간에서 학생들과 상호작용을 할 수 있으며 'Spoke'라는 툴을 이용해 메타버스 공간을 편집할 수 있습니다. 허브를 이용해 만든 메타버스 플랫폼은 PC와 모바일뿐만 아니라 HTC Vive, 오큘러스 퀘스트 등과 같은 VR 헤드셋으로 접속해 체험할 수도 있습니다. 허브는 브라우저에서 실행되는 가상 협업 플랫폼으로, 허브를 사용하면 클릭 한 번으로 자신만의 3D 공간을 만들 수 있습니다. 만든 공간의 URL을 사용해 다른 사용자를 초대할 수 있고, 웹 기반이므로 PC에 프로그램을 설치하거나 모바일에 앱을 설치할 필요 없이 메타버스 공간에 참여하는 것이 가능합니다.

먼저 모질라허브(https://hubs.mozilla.com/)에 접속해 로그인을 합니다.

[그림 5-1] 모질라허브 홈페이지

모질라허브에 로그인하기 위해서는 자신의 이메일 주소를 입력해 인증 메일을 받아야 합니다. 메일에 있는 링크를 클릭하면 인증이 완료되어 로그인할 수 있습니다.

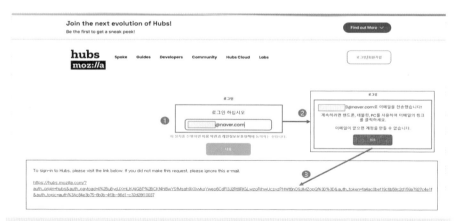

[그림 5-2] 이메일 인증해 로그인하기

2) 모질라허브로 공간 만들기

허브에 접속하면 'Room'이라는 메타버스 공간을 간단하게 만들 수 있습니다. Room 만들기(Create Room) 버튼을 클릭하면 가상의 공간이 만들어집니다.

[그림 5-3] Room 만들기

입장하기(Join Room) 버튼을 누르면 플랫폼으로 제작된 Scene을 로딩해 메타버스 가상공간이 만들어지고 아바타가 Room에 입장할 수 있습니다. 입장할 때 마이크와 스피커에 문제가 없는지 테스트합니다.

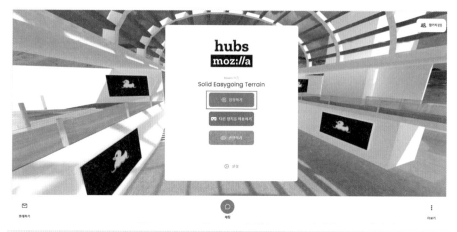

[그림 5-4] Room에 입장하기

모질라허브로 제작된 Room에 처음 입장하면 아바타의 닉네임과 아바타를 변경할 수 있습니다. 아바타의 닉네임은 한글 사용이 불가능합니다. 아바타는 모질라허브에서 제공하는 아바타를 사용할 수 있고 외부 아바타를 불러와서 사용할 수도 있습니다.

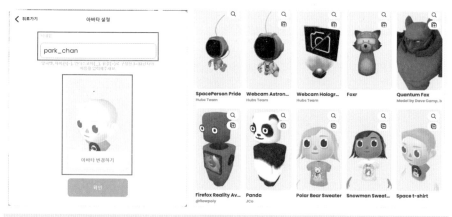

[그림 5-5] 아바타 설정하기

Room에 접속하면 좌측 하단에 초대하기 메뉴가 있습니다. 초대하기 메뉴를 누르면 Room으로 접속할 수 있는 링크 주소와 홈페이지 등에 삽입할 수 있는 Embed Code를 알 수 있습니다. 모질라허브로 제작한 공간은 별도의 프로그램을 설치하지 않아도 활용이 가능하고 게스트는 회원가입이나 로그인을 하지 않고도 접속이 가능합니다.

그러나 회원으로 가입하더라도 이렇게 생성한 Room의 주소는 별도로 저장되지 않기 때문에 추후에 다시 입장해 활용하기 위해서는 Room의 링크 주소를 반드시 별도로 저장해야 합니다.

[그림 5-6] Room 기본 메뉴

중앙 하단의 메뉴 중 화면 공유는 줌(ZOOM)의 화면 공유와 유사한 기능입니다. 공유를 선택하면 컴퓨터의 웹캠에 비추어지는 영상을 공유하거나 화면을 공유하는 선택창이 제시됩니다. 전체 화면과 실행되고 있는 각종 프로그램의 창, 만약 여러 개의 Chrome 탭을 열었다면 그중에서 공유하기를 원하는 탭을 선택해 화면을 공유할 수 있습니다. 이 화면 공유는 호스트뿐만 아니라 참가하는 게스트도 공유가 가능합니다. 화면을 공유하면 공유한 화면이 Room 안에 삽입되어 공유된 화면이 여러 개 생길 수도 있습니다. 여러 화면 중에서 보고 싶은 화면을 선택해 크게 보는 것이 가능합니다.

화면을 공유할 때에는 컴퓨터 화면만을 공유하는 것이 기본으로 되어 있습니다. 그러나 컴퓨터에서 나오는 동영상이나 음악 등의 소리도 공유하기를 원한다면 시스템 오디오 공유를 선택해 화면을 공유해야 합니다.

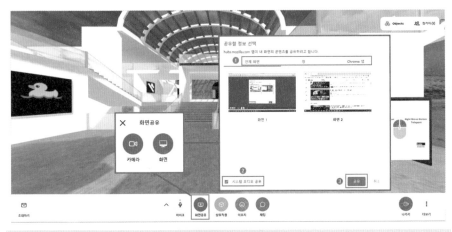

[그림 5-7] 화면 공유하기

상호작용 메뉴를 선택하면 펜(Pen), 카메라, GIF, 3D 모델, 아바타, Scene, 업로드 기능을 사용할 수 있습니다. 펜은 가상의 공간에 글씨를 쓰거나 그림을 그릴 수 있는 기능입니다. 바닥에 그림을 그리거나 공중으로 띄울 수도 있습니다. 카메라는 가상의 카메라가 나오면서 셀카처럼 사용자의 모습을 사진으로 촬영할 수 있도록 해줍니다. Room 배경과 아바타의 모습을 셀카로 찍으면 왼쪽 하단에 찍은 사진에 대한 알림이 나타나고 찍은 사진이 Room에 삽입됩니다. 마우스 오른쪽 버튼을 클릭하면 다른 사람들이 셀카 사진을 움직이지 못하게 고정하는 기능과 제거하는 기능을 확인할 수 있습니다. GIF는 인터 넷에서 공유되는 재미있는 움직이는 사진을 가상공간으로 가져와서 삽입하 는 기능입니다. 3D 모델을 통해 Sketchfab에서 제공하는 3D 모델링 파일을 가 져와 배치할 수도 있습니다. 호스트뿐 아니라 게스트들도 삽입이 가능합니 다. 블렌더나 그림판 3D와 같은 3D 모델링 프로그램으로 모델을 만들었다면 게스트들과 함께 3D 모델로 Room을 꾸밀 수도 있습니다. 그러나 3D 모델은 오브젝트 크기와 사용자 PC 사양에 따라 적용이 잘 되지 않는 경우도 있습니다.

아바타 기능은 3D 모델과 마찬가지로 모질라허브에서 제공하는 아바타를 공간에 배치하는 것입니다. 마우스 포인터를 가져가면 이 아바타를 자신의 아바타로 수정하는 것도 가능합니다. Scene은 현재 Room의 장면을 변경할 수 있는 기능입니다. 원하는 Scene을 선택하면 Scene이 삽입되고, 삽입한 장 면을 사용하기 위해서 장면에 마우스를 가져가면 Use Scene이 활성화됩니다. 이것을 선택하면 새로운 장면으로 이동합니다. 만약 Room에 인원이 너무 많 거나 여러 개의 Room을 연결하고 싶은 경우에는 Scene을 삽입해 사용할 수 있습니다. 업로드는 오브젝트의 URL이나 파일을 업로드할 수 있는 기능입니다.

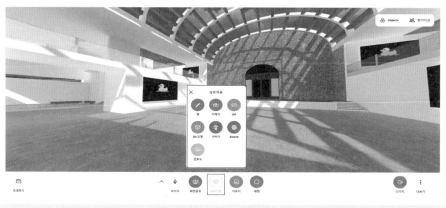

[그림 5-8] 상호작용

이모지는 이모티콘으로 의사소통할 때 사용할 수 있고, 채팅은 Room에 들어온 아바타들과 채팅할 수 있는 기능입니다. 오른쪽 아래의 더 보기 메뉴를 선택하면 자신의 이름 및 아바타를 변경하거나 환경을 설정하는 기능을 사용할 수 있습니다.

Room에서 아바타는 키보드를 조작해 이동할 수 있습니다. 키보드에서 W키와 이동 키의 ↑는 아바타를 앞으로 이동하기 원할 때 사용하고, S키와 ↓는 뒤, A키와 ←는 왼쪽, D키와 →는 오른쪽으로 이동할 때 사용합니다. 왼쪽 마우스를 클릭해 드래그하면 방향을 전환할 수 있습니다.

3) 스포크(Spoke)로 공간 제작하기

모질라허브가 Room 만들기를 통해 손쉽게 공간을 만들어 Room 안에서 사람들과 소통하고 협업할 수 있다면, 스포크(Spoke)는 모질라허브에서 자신이 원하는 모습으로 가상공간을 만들 수 있는 제작 공간입니다. 스포크는 모질라 혼합현실 팀에서 개발한 온라인 3D 장면 편집기로서, 허브용 사용자 지정 소셜 장면을 만들 수 있고, 3D 모델이나 아키텍처 키트 조각, 조명, 이미지, 비니오 등을 사용해 Hubs 회의실에서 사용하거나 glTF 3D 모델 파일로 내보내는 환경을 구축할 수 있습니다. 스포크는 웹브라우저에서 실행되므로 도구를 다운로드할 필요가 없으며, 인터페이스가 직관적이어서 초보자도 어렵지 않게 공간을 제작할 수 있습니다. 장면을 만든 후에는 콘텐츠를 허브에 게시해 사람들을 새로운 공간에서 만날 수 있도록 초대하는 것이 가능합니다.

스포크를 실행하기 위해서는 모질라허브 홈페이지에서 상단에 있는 스포크 메뉴를 선택하거나 스포크 사이트(https://hubs.mozilla.com/spoke)로 접속하면 스포크 시작 화면이 열립니다. 시작하기 버튼을 클릭해 스포크를 실행합니다. Get Started 버튼을 누르면 프로젝트 창이 나옵니다.

[그림 5-9] 스포크 시작하기

　+ 버튼을 눌러 새 프로젝트를 시작합니다. 새 프로젝트를 만들 때 빈 공간에 자신이 직접 여러 가지 에셋을 이용해 건물부터 만들 수도 있지만, 많은 시간과 에너지가 들어가는 작업이기 때문에 스포크에서 제공하는 템플릿을 이용하는 것이 좋습니다. 3D 메타버스의 목적에 부합하는 템플릿을 선택합니다. 여러 가지 템플릿 중에 Hubs Modular Art Gallery 템플릿을 선택하고 직육면체 모양의 전시실을 제작해보겠습니다.

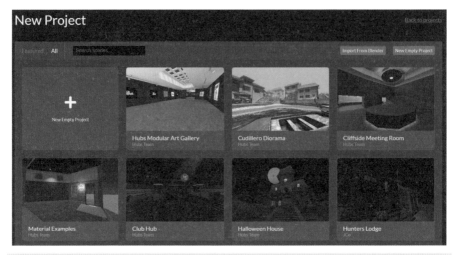

[그림 5-10] 스포크 템플릿

Hubs Modular Art Gallery 템플릿을 선택했더니 직육면체 모양의 전시실이 생성되었습니다. 마우스 왼쪽 버튼을 누른 상태로 마우스를 움직이면 화면을 회전시키면서 볼 수 있습니다. 마우스 휠을 돌리면 화면이 확대되거나 축소됩니다. 화면을 확대하면 건물 내부로 들어갑니다.

스포크의 메뉴는 영어로 제공되는데, 자동번역기를 활용하면 한글로 번역되어 초보자도 사용하기 좋습니다. 스포크 화면은 크게 제작하는 공간을 표시해주는 뷰포트와 뷰포트에 삽입할 수 있는 자산(Assets), 집단(Elements)으로 나뉩니다.

[그림 5-11]에서 ① 영역의 뷰포트는 스포크로 공간을 편집하는 작업 공간입니다. ② 영역의 자산은 뷰포트에 삽입할 수 있는 요소들입니다. 내 자산은 자산에서 자주 사용하는 것으로, 자신이 가지고 있는 사진이나 동영상 등을 업로드해 사용할 수 있습니다. 아키텍트 키트는 건축할 때 사용할 수 있는 자산입니다. 록키트는 바위 재질의 오브젝트를 삽입할 때 사용합니다. 스케치

팝은 3D 모델링을 한 것을 불러올 수 있는 기능입니다. ④ 영역의 계층에서는 뷰포인트에 삽입된 오브젝트들의 계층을 확인할 수 있습니다. ⑤ 영역의 속성에서는 오브젝트의 위치, 회전, 크기 등을 확인하고 변경할 수 있으며, 선택한 오브젝트가 어떤 유형인지 오브젝트 정보를 확인할 수 있습니다.

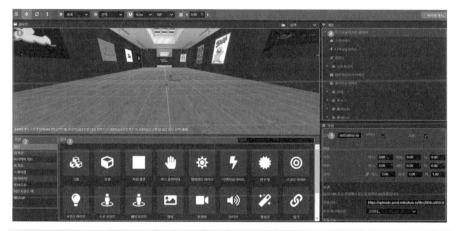

[그림 5-11] 스포크 편집 화면

오브젝트를 이동할 때에는 오브젝트를 클릭한 후 생기는 x, y, z 축 3가지 방향의 화살표를 선택해 이동할 수 있습니다. 정확한 위치로 이동시키고 싶다면 오브젝트를 선택하고 오른쪽 화면에 나오는 특성에서 위치를 좌푯값으로 입력하면 됩니다. 내가 원하는 화면으로 이동이 되지 않을 때에는 원하는 위치의 오브젝트를 선택한 후 F키를 누르면 줌아웃되어 화면이 바깥으로 나오게 되는데, 그런 다음에 마우스 휠로 화면을 확대하면 내가 원하는 곳으로 화면이 옮겨져서 편집하기에 편리합니다.

내가 가지고 있는 이미지나 동영상을 내 자산에 업로드해 뷰포트에 삽입할 수 있습니다. 먼저 내 자산 메뉴에 자신이 가지고 있는 자료를 업로드합니다.

이미지, 비디오, 오디오, 3D 모델도 업로드할 수 있습니다. 업로드한 자산을 선택한 후 뷰포트의 원하는 위치에 삽입합니다. 삽입한 자산의 방향과 위치는 화살표를 이용해 움직일 수 있고 속성에서 위치와 회전, 규모로 크기를 변경해 원하는 위치로 이동시킬 수도 있습니다. 정확한 위치로 이동시키기 위해서는 기본적으로 벽에 게시되어 있는 오리 이미지를 클릭해 나오는 위치정보를 복사한 다음, 내가 삽입한 자산의 위치 정보에 붙여넣기 한 후에 오리 이미지를 삭제하면 벽에 정확하게 이미지가 삽입됩니다.

[그림 5-12] 내 자산에 업로드해 삽입하기

[그림 5-13] 공간 입장하기

전시관에 삽입한 이미지에 웹사이트를 링크로 연동시킬 수 있습니다. 삽입한 이미지를 선택하고 속성 아래쪽의 링크 참조 (Link Href) 영역에 연결하기를 원하는 웹사이트 주소를 복사해서 붙여 넣습니다. 패들렛이나 웹페이지를 링크로 연결하면 다양한 공간을 확대해 활용할 수 있습니다.

공간에 대한 삽입과 연결 등 작업이 모두 끝나면 오른쪽 상단에 있는 허브에 게시(Publish to Hub) 아이콘을 클릭해 모질라허브로 출판을 합니다. Preformance Check 창에서 장면에 대한 내용을 확인한 후 저장 및 게시(Save and Publish)를 눌러 게시합니다. 이것은 장면을 게시한 것으로, 이 장면을 이용해 별도의 Room을 만들어야 합니다. 이 Scene을 이용해 Room 만들기를 선택하고 입장하면 됩니다.

새로 만들어진 Room에 입장해 원하는 대로 공간이 제작되었는지 확인합니다. 그러나 공간을 제작했다고 해도 이 Room이 따로 저장되는 것은 아닙니다. 따라서 초대하기 메뉴를 클릭해 주소를 복사해 저장해놓는 과정이 필요합니다.

코스페이시스 전시관(https://hubs.mozilla.com/HgGMwAH)을 모질라허브에 만들어서 여러 참가자가 참여하도록 했습니다.

[그림 5-14] 모질라허브로 제작한 가상전시관

모질라허브에서는 학생들이 3D 아바타의 모습으로 스스로 움직이면서 활동할 수 있으며, 화면 공유를 통해 자신의 카메라나 화면의 모습을 다른 학생들과 공유해 상호작용을 할 수 있습니다. 또한 사용자(학생)들이 이미지, 동영상, 음원뿐만 아니라 3D 모델 오브젝트도 탑재해 공유할 수 있고, PC뿐만 아니라 모바일, 독립된 VR 기기에서도 접속이 가능해 사용자 친화적인 플랫폼이라고 할 수 있습니다.

2. SPOT

1) SPOT 알아보기

SPOT은 3D 기반으로 제작된 공간에서 자신의 아바타를 통해 간단한 조작으로 사람들과 소통할 수 있는 메타버스 플랫폼입니다. 영상, 문서, 화면 등 디지털 대부분을 지원하고 다양한 에듀테크 도구를 접목해 사용할 수 있습니다. SPOT은 별도의 프로그램 설치 없이 홈페이지(https://spotvirtual.com/)에 접속해서 사용합니다. SPOT을 사용할 때에는 크롬 브라우저를 사용하는 편이 좋습니다.

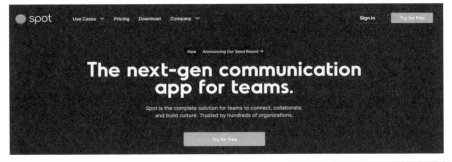

[그림 5-15] SPOT 홈페이지

SPOT은 회원가입을 하지 않고 게스트로 참여할 수 있지만 회원으로 가입해 자신의 공간을 만들어서 다른 사람들을 초대할 수도 있습니다. 무료 회원은 초대할 수 있는 인원이 10명으로 제한되어 있습니다.

회원가입은 구글 계정이나 마이크로소프트 계정, 이메일과 비밀번호 입력으로 신청할 수 있습니다. 계정을 신청하면 확인 메일이 도착합니다. 메일에서 주소를 확인하면 SPOT 회원으로 계정을 받습니다.

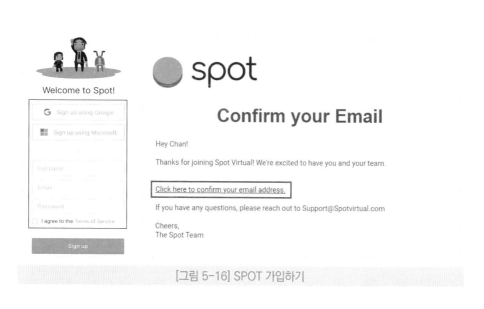

[그림 5-16] SPOT 가입하기

2) SPOT 기본 동작

SPOT에서는 키보드와 마우스를 이용해서 아바타를 이동시킬 수 있습니다. 마우스를 사용할 때에는 왼쪽 마우스를 짧게 클릭하면 클릭한 지점으로 아바타가 이동하거나 오브젝트와 상호작용합니다. 또한 왼쪽 마우스를 누른 상태에서 마우스를 움직이면 화면이 이동하고, 왼쪽 마우스로 원하는 지점을 더블 클릭하면 아바타가 순간적으로 이동합니다. 마우스 휠을 상하로 돌리면 화면이 확대되거나 축소됩니다. 오른쪽 마우스를 누른 상태에서 마우스를 움직이면 아바타가 회전하면서 보고 싶은 상년으로 돌릴 수 있습니다.

키보드를 사용할 때에는 화살표 키와 WASD 키를 이용해 아바타를 전후좌우로 이동시킵니다. Shift 키를 누른 상태에서 WASD 키나 상화좌우 화살표 키를 누르면 아바타를 마치 달리기를 하듯이 빠르게 이동시킬 수 있습니다. Space 키를 누르면 아바타가 만세를 하면서 점프 동작을 실행합니다.

[그림 5-17] 아바타 조작 방법

3) SPOT 기본 기능

SPOT에 접속해서 들어오면 하단에 메뉴가 생성됩니다. [그림 5-18]에서 ① 은 왼쪽 사이드바를 활성화하거나 닫는 기능입니다. ②는 스페이스 및 방의 정보를 알 수 있는 기능입니다. ③은 초대하기 메뉴로 초대 링크를 복사할 수 있는데, 초대 링크의 만료 기간까지 선택해 초대 링크를 만들 수 있습니다. 이 부분은 호스트에게만 활성화되는 메뉴입니다. ④는 빌드(Build) 모드로 호스트에게만 활성화되는데, 이 메뉴를 활용해서 SPOT 공간을 커스터마이징할 수 있습니다. ⑤는 마이크와 웹캠을 켜거나 끌 수 있는 기능입니다. ⑥은 컴퓨터 화면을 공유할 수 있는 기능입니다. ⑦은 아바타의 리액션과 손 들기 메뉴로 아바타의 감정을 표현하는 동작을 할 수 있습니다. 흥미로운 점은 리액션을 선택하면 아바타 위에 리액션이 표시될 뿐 아니라 아바타가 리액션을 따라 한다는 것입니다. 손 들기는 단순히 손을 드는 것뿐 아니라 가위바위보를 하거나 악수나 하이파이브, 주먹 맞대기 같은 인사할 때 사용할 수 있는 동작까지 제공됩니다. ⑧은 추가 기능으로 멤버를 강제 소환하거나 발표 모드, 방 잠그기 등을 할 수 있습니다. ⑨는 해당 공간에 있는 참가자들에게 공개 메시지를 보내는 데 사용합니다. ⑩은 메시지와 관련된 기능으로 읽지 않은 메시지, 다이렉트 메시지, 빠른 검색 등을 할 수 있는 메뉴입니다. 다이렉트 메시지는 카카오톡의 일대일 대화와 유사합니다. 보낸 메시지를 수정하거나 감정 표현을 삭제할 수 있고, 메시지를 보내면 받은 사람에게 알림이 가서 대화를 하는 것도 가능합니다. 다이렉트 메시지에 사진이나 파일을 첨부해서 보낼 수도 있습니다.

[그림 5-18] SPOT 화면 구성

4) SPOT 전환

[그림 5-19]의 ① 부분을 선택하면 사이드바가 활성화됩니다. 사이드바에서는 기관명과 방 정보를 볼 수 있습니다. 스페이스는 건물의 층 개념으로 각각 독립된 공간입니다. 원하는 스페이스를 클릭하면 해당 층으로 이동합니다. 아래쪽에 다이렉트 메시지를 보낼 수 있는 참여자들의 목록이 나옵니다. 사이드바를 닫으려면 ① 부분을 다시 선택하면 됩니다.

② 부분은 시점을 바꿀 수 있는 메뉴입니다. 시점은 위쪽에서 아래로 보는 시점(Top-down View)이 기본으로 설정됩니다. 마우스 휠로 화면을 확대하고, 마우스 왼쪽을 클릭한 상태로 화면을 이동하거나 마우스 오른쪽을 클릭한 상태로 아바타를 회전해 자신이 원하는 시점으로 변경해 참여할 수 있습니다. 1인칭 시점(First-person View)은 자기 아바타의 눈으로 공간을 바라보는 시점입니다.

③ 부분은 그리드 보기 전환(Toggle Grid View)으로 줌(Zoom)과 비슷한 화상대화 모드입니다. 아바타가 공간을 이동하면서 메타버스 공간에서 활동하는 것이 아니라, 웹캠과 화면 공유로 화상회의를 하는 화면으로 전환됩니다.

[그림 5-19] SPOT 전환

아바타를 변경하고 싶을 때에는 자신의 아바타 이름을 클릭하면 오른쪽에 새로운 사이드 메뉴가 생깁니다. 가면 모양의 버튼을 클릭해 아바타를 꾸밀 수 있습니다. 피부색과 머리 모양, 머리카락 유형, 안경과 옷, 액세서리 등을 자신의 개성에 맞게 변경합니다. 랜덤으로 변경하는 기능도 있습니다. 톱니바퀴 모양의 설정 버튼을 누르면 자신의 이름도 바꿀 수 있는 사용자 설정을 비롯해 앱 설정도 변경할 수 있습니다.

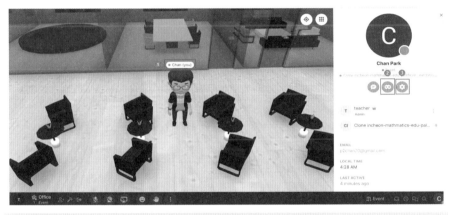

[그림 5-20] 아바타 변경 및 유저 설정

SPOT으로 다양한 메타버스 공간이 구성되어 활용되고 있습니다. 인천시교육청에서는 SPOT으로 제작한 메타버스 공간에서 수학탐구 학습을 할 수 있는 '인천수학교육플랫폼(bit.ly/인천spot)'을 개설해 활용 중입니다. 원격교실과 발표대회를 진행할 수 있는 강당, 전시자료실 및 체험부스, 수학상담실 등이 구축되었습니다. 부산광역시 미래교육원에서도 SPOT으로 메타버스 학교를 구성해 교실 및 게임학습관, 발표대회 등을 운영하고 있습니다.

[그림 5-21] 인천수학교육플랫폼

5) SPOT으로 공간 만들기

SPOT에 처음 가입한 후 SPOT으로 새로운 공간을 만들기 위해서는 활동하고 있는 공간에서 'Leave'를 눌러 공간에서 나온 뒤에 공간을 생성해야 합니다. 조직의 이름을 입력하고 공간의 종류를 선택합니다. 공간의 종류는 Offices, Events, Fun이 있는데 이 중 하나를 선택하면 오른쪽에 공간의 종류에 해당하는 다양한 공간이 템플릿으로 선택할 수 있게 제공됩니다. 원하는 공간을 선택하고 동의한 다음 'Let's go!'를 클릭하면 공간을 제작할 수 있습니다.

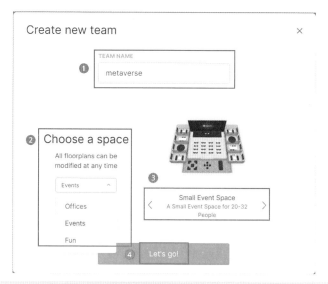

[그림 5-22] 가입 후 공간 생성하기

이미 SPOT에서 Team을 생성해 공간을 만들었다면 그 Team 아래로 새로운 공간을 만들 수 있습니다. 이럴 때에는 사이드 메뉴를 활성화시킨 후에 'Add Space'를 클릭해 새로운 공간을 만들어서 가상공간을 확장할 수 있습니다.

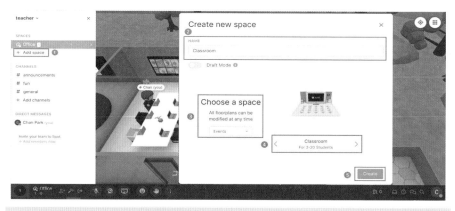

[그림 5-23] 새로운 공간 만들기

공간이 만들어지면 SPOT에서 제공된 오브젝트를 변경하면서 자신이 원하는 공간으로 구성합니다. 벽에 다양한 이미지나 웹사이트를 연동시킬 수 있습니다. 먼저 벽에 있는 액자를 선택하면 평면 스크린에 대한 세부 설정창이 뜹니다. 콘텐츠의 종류를 이미지로 하고 원하는 이미지를 찾아서 업로드하면 이미지가 교체됩니다. 평면 스크린을 원하지 않으면 초기에 제공된 이미지를 삭제하면 됩니다.

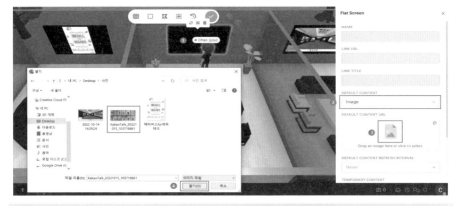

[그림 5-24] 평면 스크린 이미지 교체하기

공간에 내가 원하는 오브젝트를 다양하게 삽입할 수 있습니다. 빌드 모드를 실행시키면 오브젝트 삽입창이 뜨고 원하는 오브젝트를 선택한 후 공간을 클릭하면 오브젝트가 삽입됩니다. 삽입된 오브젝트의 크기를 변형하거나 회전시키기를 원한다면 오브젝트를 선택했을 때 나오는 세부창에서 회전과 확대 또는 삭제가 가능합니다.

[그림 5-25] 오브젝트 삽입하기

새로운 공간을 모두 편집했으면 사람들을 초대할 수 있습니다. 초대하기 메뉴를 선택해 초대 링크의 만료 기간을 설정해 초대 링크를 복사합니다. 만료 기간은 1시간짜리부터 무기한까지 선택할 수 있습니다.

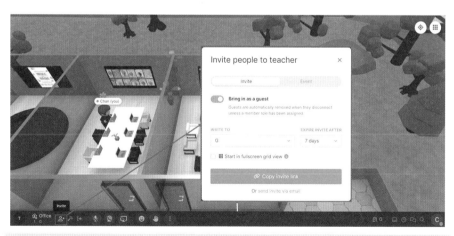

[그림 5-26] 공간에 초대하기

초대 링크를 전달해 SPOT으로 제작한 메타버스 공간에서 아바타로 만나 활동할 수 있습니다. 회의 및 수입, 행사 등 다양한 활동을 하는 데 컴퓨터와 모바일 앱을 활용해 상호작용할 수 있습니다.

[그림 5-27] SPOT 활용 모습

3. 스페이셜(Spatial)

1) 스페이셜 알아보기

스페이셜(Spatial)은 자신의 모습과 닮은 3D 아바타를 이용해 원격으로 의사소통을 할 수 있는 대표적인 메타버스 플랫폼입니다. 아바타는 증강현실(AR)과 가상현실(VR)을 이용해서 가상공간에서 만나 한 공간에 있는 것처럼 함께 협업하고 회의할 수 있습니다. 공간을 공유하고 가상 NFT 전시회나 모임 및 라이브 이벤트를 경험하는 것이 가능합니다. 3D 공간을 사용할 수 있어

몰입도가 높고 웹과 모바일에서 모두 사용할 수 있습니다.

2) 스페이셜 시작하기

스페이셜은 크롬에서 스페이셜 홈페이지(spatial.io)에 접속해 사용합니다. 회원가입을 위해 로그인을 선택하고 회원가입을 합니다. 구글이나 메타마스크(MetaMask), 애플과 마이크로소프트 계정으로 가능하고 이메일로도 가입할 수 있습니다.

참고로 메타마스크는 브라우저 확장 프로그램으로 설치할 수 있는 이더리움 지갑입니다. 메타마스크 사용자는 이더리움 주소로 토큰을 거래할 수 있으며, 웹3 서비스와 탈중앙화 금융 앱을 이용하거나 NFT도 거래할 수 있습니다.

무료로 가입하면 한 스페이스 인원이 50명까지 가능합니다.

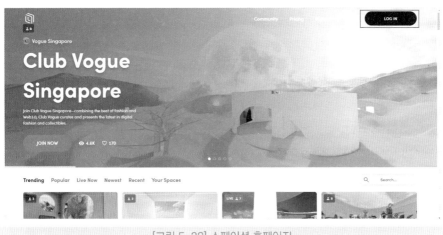

[그림 5-28] 스페이셜 홈페이지

회원가입이 끝나면 3D 아바타를 만듭니다. 3D 아바타는 웹캠이나 카메라로 바로 사진을 찍거나 자신이 가지고 있는 사진을 업로드해서 만들 수 있습니다. 자신의 사신을 기반으로 3D 아바타가 생성됩니다. 사진 없이(Skip) 계속하면 아바타 모양을 선택할 수 있습니다.

[그림 5-29] 아바타 생성해 Home에 들어오기

아바타를 완성하면 스페이셜에서 제공하는 Home으로 이동합니다. Home은 템플릿으로 제공되고 그 안에 콘텐츠를 추가할 수 있습니다. 콘텐츠를 추가하기 위해서 중앙 하단의 + 버튼을 클릭하면 추가할 콘텐츠를 선택하는 창이 제시됩니다. Home에 추가할 수 있는 콘텐츠는 스페이셜에서 제공하는 오브젝트와 NFT로 업로드된 것, 직접 업로드한 사진과 영상 등입니다. 아바타는 방향키나 WASD 키로 움직일 수 있고, 왼쪽 마우스로 원하는 지점을 클릭하면 이동합니다. 숫자 키로 1~5를 누르면 다양한 동작으로 아바타가 춤을 출수도 있습니다. C 키를 누르면 손뼉을 칩니다.

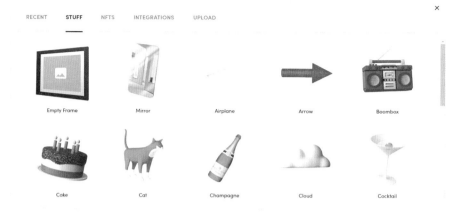

[그림 5-30] 콘텐츠 추가하기

3) 전시관 만들기

스페이셜 전시관을 제작하기 위해 먼저 자신의 홈에서 나옵니다. 왼쪽 상단의 LEAVE를 선택해 홈에서 나온 뒤 스페이셜 홈페이지에서 새로운 공간을 제작합니다.

[그림 5-31] 홈 떠나기

홈페이지에서 오른쪽 상단의 'Create a Space'를 클릭하면 스페이셜에서 제공하는 템플릿을 선택할 수 있습니다. 자신의 목직에 맞는 템플릿을 선택해서 활용하면 됩니다. 예를 들어 전시회를 만들기 위해 갤러리를 선택하면 전시회 공간이 생성됩니다.

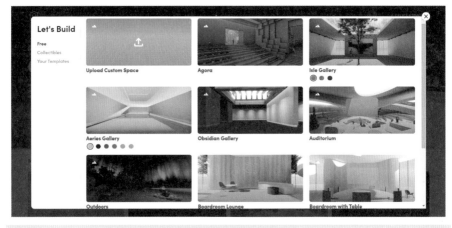

[그림 5-32] 템플릿 선택하기

다양한 템플릿 중에 'Isle Gallery'를 선택해보았습니다. 창문으로 바다 풍경이 보이는 가상 전시관이 제작됩니다. 갤러리에서 이동하려면 이동 키나 마우스 왼쪽 버튼으로 이동하고 싶은 위치를 클릭해 이동할 수 있습니다. 갤러리에 작품을 업로드하기 위해서 갤러리 템플릿의 벽면에 있는 액자의 'Upload Art'를 선택합니다.

[그림 5-33] 갤러리에 작품 올리기

작품을 삽입하는 방법 중 가장 손쉬운 방법은 자신의 컴퓨터에 있는 이미지나 GIF, 동영상 파일을 업로드하는 것입니다. Integrations는 구글 드라이브나 마이크로소프트 클라우드와 연결해 작품을 가져오는 방법입니다.

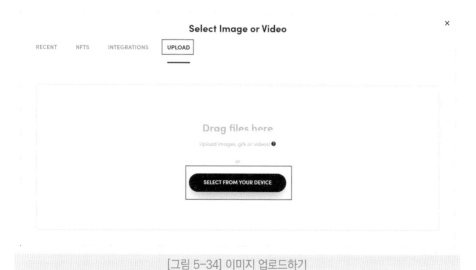

[그림 5-34] 이미지 업로드하기

갤러리에 삽입된 작품에 관한 간단한 정보를 입력하는 기능이 있습니다. 작품을 선택하면 작품 테두리에 파란 선이 생기면서 중앙 하단에 새로운 메뉴가 활성화됩니다. 작품을 변경하거나 편집할 수 있는 기능이 나타나는데, 이 중에서 'Info' 메뉴를 선택하면 작품에 대한 정보를 입력하는 창이 활성화됩니다. 작품의 이름과 제작자, 작품에 대한 설명과 웹페이지가 있다면 링크도 삽입할 수 있습니다. 정보 패널에 내용을 넣으면 작품 오른쪽에 정보 패널이 삽입됩니다.

[그림 5-35] 작품에 정보 패널 만들기

작품을 삽입하는 방법으로 NFT로 올리는 방법도 있습니다. 그래미상을 수상했던 프로듀서 일마인드, 디지털 아티스트 크리스타 김, 켄 켈러허 등이 스페이셜을 통해 행사를 열거나 NFT 작품을 판매하기도 했습니다. 스페이셜 갤러리는 이더리움의 대표 디지털지갑인 메타마스크(MetaMask)와도 연결할 수 있어 사용자는 간단한 링크만으로 공유 가능한 가상 갤러리를 만들 수 있습니다.

메타마스크에서 전자지갑을 만든 후에 오픈씨(OpenSea)에 NFT로 작품을 만들고, 이 작품들을 스페이셜에 NFT로 불러와 갤러리에서 전시회를 열 수 있습니다. 갤러리에서 NFT로 연결된 작품을 선택하면 오픈씨로 연동돼서 NFT 작품을 이더리움으로 구입할 수도 있습니다.

NFT로 작품을 올리기 위해서는 오픈씨에 NFT로 작품을 올리고 스페이셜에서 메타마스크와 연동하는 과정이 필요합니다. 오픈씨에 올린 NFT 작품을 바로 선택해 삽입할 수 있습니다.

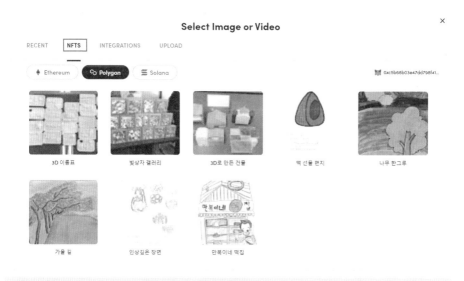

[그림 5-36] NFT로 작품 올리기

갤러리를 둘러보면서 마치 접착메모와 같은 Sticky Note를 가상공간에 붙이는 것이 가능합니다. 중앙 하단에서 Sticky Note를 선택해 텍스트를 쓰면 Sticky Note가 삽입되고, 이것을 선택하면 세부 설정창에서 위치와 회전 정도, 크기를 조정할 수 있습니다. 작품의 이름을 정보 패널 대신 써서 붙일 수도 있고 참여자들이 작품에 대한 감상평 등을 기록해 작품 주위에 붙일 수도 있습니다.

[그림 5-37] Sticky Note 설정

　작품을 모두 설치했으면 가상 갤러리에 사람들을 초대할 수 있습니다. 오른쪽 상단에 있는 공유(Share) 버튼을 선택하면 초대 링크가 복사됩니다. 이 링크를 다른 사람들에게 알려주면 링크를 통해서 가상 갤러리를 참관할 수 있습니다.

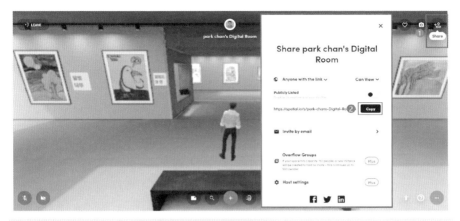

[그림 5-38] 가상 갤러리 초대 링크

  스페이셜의 가상 갤러리는 PC뿐만 아니라 모바일 기기, VR 기기로도 입장이 가능합니다. 자신의 상황에서 활용하기 좋은 다양한 기기로 접속해 참여할 수 있는 진정한 메타버스 공간에서 소통이 가능합니다.

  스페이셜은 가상 전시회뿐 아니라 회의와 수업 등 다양한 메타버스 공간으로 활용할 수 있습니다.

[그림 5-39] 가상 갤러리를 관람하는 아바타

4) 오픈씨에 NFT 작품 올리기

NFT란 대체불가 토큰(Non-fungible Token)의 약자로 소유자의 소유권을 증명할 수 있는 디지털 자산을 의미합니다. 전 세계 주요 NFT 마켓 플레이스로는 '오픈씨'와 '슈퍼레어', '파운데이션' 등이 있는데 그중 오픈씨(Open Sea)가 가장 크게 활성화된 시장입니다. NFT 등을 구매하기 위해서는 암호화폐를 주고받을 수 있는 전자지갑이 필요합니다.

먼저 NFT 전자지갑을 만들어봅시다. 전자지갑에는 여러 종류가 있지만 해외에서도 사용하기 좋은 메타마스크(MetaMask) 전자지갑을 만드는 것이 좋습니다. 메타마스크는 크롬 브라우저의 이더리움 블록체인 전자지갑입니다. 메타마스크를 사용하기 위해서는 크롬 브라우저에서 크롬 웹스토어를 검색하고, 웹스토어에서 'Metamask'를 검색합니다. 검색된 이 프로그램을 Chrome에 추가합니다.

[그림 5-40] 메타마스크 추가

확장 프로그램으로 메타마스크를 추가했으면 새로운 지갑을 만들고 지갑의 비밀번호를 만듭니다. 전자지갑에서 가장 중요한 건 보안입니다. 자신의 가상자산이나 NFT 등이 해킹되지 않도록 신경 써야 합니다. 일단 해킹이 발생하면 이를 복원·복구하는 것이 사실상 거의 불가능하기 때문입니다.

[그림 5-41] 메타마스크 비밀번호 만들기

전자지갑을 만든 후에는 비밀 복구 구문이 생성됩니다. 전자지갑을 만들 때 받게 되는 '시드문구'라는 12글자 조합은 반드시 기억해야 하고 별도로 기록해야 합니다. 어떠한 경우라도 보안키(프라이빗키)를 다른 이에게 공유해서는 절대로 안 됩니다. 시드문구나 보안키를 해킹당하면 누구라도 자신의 전자지갑에 접근할 수 있고, 그 안에 저장된 가상자산도 모두 잃어버릴 수 있습니다. 복구 구문은 내 전자지갑을 어디에서든지 불러올 수 있는 암호 형태의 12개 글자 조합이기 때문에 디지털 파일로 보관하면 해킹 등의 위험이 따를 수 있으므로 종이에 적어서 보관하는 것을 권장합니다. 메타마스크 전자지갑 생성이 완료되면 이더리움 전자지갑을 확인할 수 있습니다.

[그림 5-42] 메타마스크 비밀 복구 구문

전자지갑을 만들었다면 이제 NFT를 발행하고 전시 및 거래, 경매를 할 수 있는 오픈씨(OpenSea)라는 마켓 플레이스에 가입해야 합니다. 오픈씨는 국내 외로 다양한 NFT를 거래할 수 있는 거래소입니다. 오픈씨는 유저의 가상화폐 지갑과 연동되어 NFT를 구매, 판매, 생성 및 거래할 수 있는 장소를 제공하고 판매자와 구매자의 지갑에서 거래가 이뤄지도록 설계되었습니다. 오픈씨에서는 모든 유형의 NFT를 사고팔 수 있습니다.

먼저 오픈씨 홈페이지(www.opensea.io)에 접속합니다.

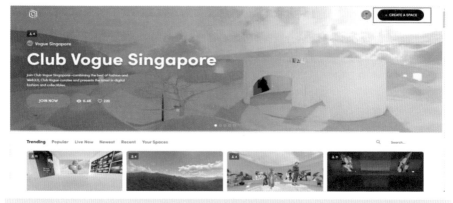

[그림 5-43] 오픈씨 홈페이지

오픈씨는 별도의 회원가입이 필요 없습니다. 자신이 가지고 있는 전자지갑으로 오픈씨 사이트에서 로그인하면 오픈씨의 모든 기능을 사용할 수 있습니다.

우측 상단의 Account 메뉴의 설정(Settings)을 선택하고 프로파일(Profile)에서 자신의 메타마스크 전자지갑과 오픈씨를 연동해주면 됩니다.

[그림 5-44] 전자지갑 연동하기

오픈씨와 연동할 전자지갑을 선택합니다. 이미 만들었던 이더리움 NFT를 위한 메타마스크를 선택하고, 오픈씨와 메타마스크 연동 절차를 진행합니다. 메타마스크와 연결하는 과정 중 만약 크롬 브라우저 설정에서 팝업 차단 기능이 설정돼 있다면 실행창이 차단되어 나타나지 않을 수 있습니다. 팝업 차단 기능이 해제되었는지 확인하고 연동 절차를 진행하는 것이 좋습니다.

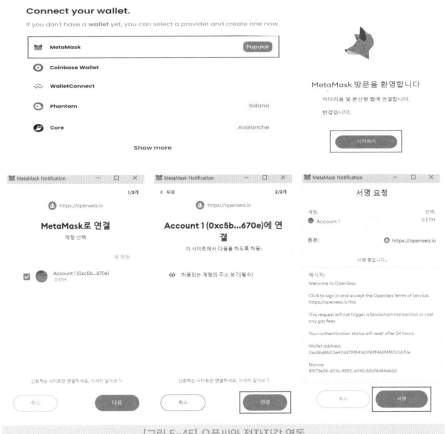

[그림 5-45] 오픈씨와 전자지갑 연동

오픈씨와 메타마스터가 정상적으로 연결되었으면 발행할 NFT를 모아둘 Collection을 만듭니다. Collection을 만들면 NFT를 한꺼번에 모아서 확인하기에 편리합니다. 프로파일의 My Collections에서 새로운 Collection을 만듭니다. Collection을 만들 때 로고 이미지와 배너 이미지, 설명과 연결할 URL 등을 기록합니다.

[그림 5-46] Collection 생성하기

Collection 설정에서 블록체인 종류를 선택할 때에는 폴리곤(Polygon) 체인을 선택하는 것이 좋습니다. 폴리곤 체인은 NFT 거래에 드는 수수료가 무료이기 때문에 부담 없이 NFT를 발행해 상대방에게 전송할 수 있습니다.

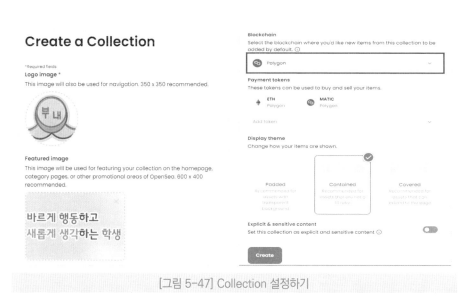

[그림 5-47] Collection 설정하기

Collection을 생성했으면 Collection에 새로운 아이템을 등록합니다. My Collection을 선택해 들어간 후에 점 3개를 누르면 'Add Item' 메뉴가 나오는

데, 여기에서 새로운 NFT를 생성하면 됩니다. 자신이 가지고 있는 이미지 및 오디오, 동영상도 NFT로 발행해 My Collection에 등록합니다.

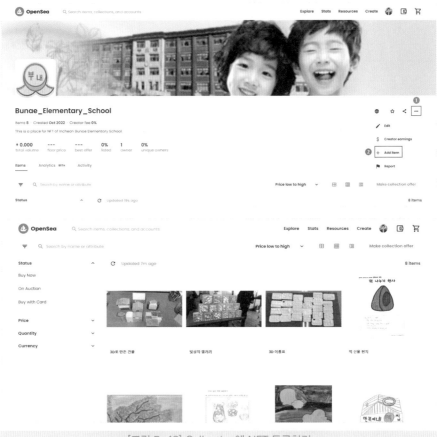

[그림 5-48] Collection에 NFT 등록하기

이렇게 오픈씨에 예술작품이나 음악, 사진 등을 NFT로 등록한 뒤 스페이셜과 연결해 갤러리에서 사용할 수 있습니다. 오픈씨에 등록한 NFT 작품은 판매가 가능하고 전자지갑을 활용해서 자신이 원하는 NFT 상품을 구입할 수

도 있습니다. 현대사회에서 심각하게 여겨지는 저작권 문제에 블록체인 기술을 접목한 NFT 기술을 경험해보고, 미래를 준비하는 새로운 기술을 메타버스와 접목해 활용해보는 것은 새로운 경험이 필요한 미래세대에게 의미 있는 교육이 될 것입니다.

4. 메타박스(Metabox)

메타버스 ZEP은 2D 이미지로 평면을 만듭니다. 따라서 실재감이 다소 떨어진다는 평가를 받고는 있습니다. 하지만 실재감이 높다고 해서 무조건 교육적으로 우수한 것은 아닙니다. 교육에서 활용하는 콘텐츠와 호환성이 높아야 효율적으로 에듀테크를 실현하는 것이 가능합니다. 앞서 살펴본 대로 코스페이시스와 같은 3D 전시관을 연동할 수도 있지만, 코스페이시스는 로딩 시간이 길고 별도의 웹사이트가 실행되어야 한다는 한계가 존재합니다. 따라서 아바타가 ZEP 맵에 있으면서 가상전시관을 같이 구동할 수 있는 솔루션인 메타박스(www.metabox.kr)를 활용한 사례를 소개합니다.

메타버스 세종학당에서는 각 선생님들의 발표를 메타박스를 활용해서 진행해보았습니다. 20명의 친구 초청 행사 참여자들은 각자의 3D 부스를 만들고 커스터마이징을 했습니다. 메타박스는 별도의 관리자 페이지에서 콘텐츠를 수정할 수 있고, 각 부스의 참여 인원 체크가 가능하며 '좋아요' 등의 반응을 체크할 수 있는 관리 기능이 있습니다.

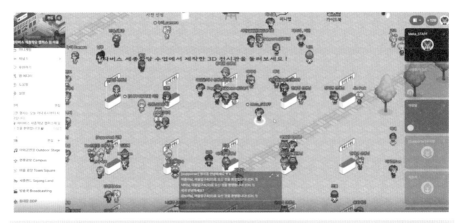

[그림 5-49] 메타버스 세종학당 친구 초청 행사

[그림 5-50] 메타버스 세종학당 친구 초청 행사 메타박스 활용 사례1

1) 메타박스 알아보기

메타박스(Metabox.kr)는 ㈜메타유니버스에서 개발한 셀프 구축이 가능한 가상전시 플랫폼입니다. 원래 기획 의도는 누구나 가상전시관을 구축하고 영상(유튜브, 비메오), 이미지를 추가하여 활용할 수 있도록 하는 것입니다. 바로 링크가 생성되기 때문에 기존에 있는 SNS, 메타버스에 링크를 연동해서 공유할 수 있다는 장점이 있습니다. 메타박스로 구축할 수 있는 형태는 내 전시와 그룹 전시 이렇게 2가지 버전입니다.

[그림 5-51] 메타박스의 개별 전시관, 테마 선택 가능

일반적으로 3D VR 전시관을 구축하기 위해서는 IT 전문 지식을 갖춘 디자이너와 프로그래머들이 3D 편집프로그램 전시관 부스를 설계하고 렌더링해 웹에 업로드한 다음, 웹프로그래밍을 통해 전시관을 컨트롤하는 복잡한 과정이 필요합니다. 이렇게 복잡하고 어려운 과정을 일반인들이 짧은 시간에 습득하여 직접 구축하기에는 많은 어려움이 있습니다. 메타박스는 전문 스킬이 없고 인터넷 정도만 이용할 수 있는 일반 사용자도 누구나 쉽게 접근하여 3D 가상전시관을 만들고 콘텐츠를 업로드해 전시할 수 있습니다. IT 최신 트렌드들이 메타버스(Metaverse)를 향해 있으며, 코로나 이후 비대면이 확대되면서 더 빠르게 관련 서비스들이 증가하는 중입니다. AR, VR, MR, XR 등의 최신 기술들과 접목되어 메타버스가 점점 우리들의 현실

세계와 융합되고 있습니다.

메타박스는 PC뿐만 스마트폰에서도 별도의 플러그인 설치 없이 3D VR 가상전시관을 쉽게 빠르게 구축할 수 있는 유저 프렌들리 플랫폼 기반의 서비스입니다. 특히 반응형 웹서비스를 제공하고 있어 랩톱, 노트북, 태블릿, 스마트폰 등 다양한 기기에서 동일한 메뉴와 콘텐츠의 접근이 가능합니다. 또한 사용자가 전시하고자 하는 목적에 맞게 전시관 부스를 선택하고 콘텐츠 파일을 업로드해 3D VR전시관을 즉시 개설한 뒤 웹사이트에서 바로 해당 전시관을 오픈해 이용할 수 있는 혁신적인 플랫폼입니다. 최근까지 ZEP과 게더타운 및 대부분의 메타버스에 연동 가능해서 그 활용 가치가 더 높아졌습니다. 특히 행사 중에도 메타박스에 접속해서 콘텐츠를 수정할 수 있습니다.

[그림 5-52] 개별 전시관을 모아 그룹 전시 링크 구축 가능

메타박스를 통해 3D 가상현실 전시관을 구축하고, 오큘러스 퀘스트와 같은 장비를 사용하여 본인이 만든 전시관에 입장해 실감나게 가상현실세계를

느낄 수 있습니다. 또한 메타박스는 가상전시관에서 다양한 콘텐츠를 웹서비스할 수 있도록 제공하고 있습니다. 이미지, PDF, 동영상 업로드 기능뿐만 아니라 회원 간의 실시간 커뮤니케이션, 회원들이 공동으로 전시할 수 있는 그룹 전시 등 다양한 기능을 제공하며, 관리자는 지속적인 업데이트가 가능합니다. 본 페이지부터는 메타박스의 접속 방법 및 개별 전시와 그룹 전시에서 제공하는 기능 및 이용 방법을 설명하겠습니다.

2) 메타박스 회원가입 하기

http://www.metabox.kr에 접속합니다. 네이버, 크롬, 엣지에서 메타박스로 검색해서 접속하는 방법도 있고, 직접 URL을 입력하여 접속해도 됩니다. 회원가입 후 ID/PW를 입력하여 로그인합니다.

[그림 5-53] 메타버스 로그인 화면

이용 문의로 기관의 유료 이용권을 결제하면 메타박스에 회원가입 후 개별 전시관 및 그룹 전시관을 개설하여 해당 기간 동안 이용할 수 있습니다. 메타박스는 크롬, 엣지, 사파리의 최신 브라우저에 최적화되어 있습니다.

3) 개별 전시관 메뉴

로그인 후 오른쪽 영역의 '내 전시관' 메뉴에서 '전시관 신규 개설' 버튼을 클릭해 개별 전시관을 개설할 수 있습니다. 또한 '그룹 전시 등록' 버튼을 클릭하면 개별 전시관들을 모아 그룹 전시관을 만드는 것도 가능합니다. 개인의 아이디로 여러 개의 전시관이 개설이 가능하며, 내 전시관에서 개설한 전시관 제목을 클릭하면 얼마든지 전시관 수정 및 관람이 가능합니다. 전시관이 여러 개라면 '대표 전시관 설정' 버튼을 클릭하여 1개의 전시관을 대표 전시관으로 선택할 수 있습니다. '전시관 알림'에서는 전시관 관련된 메타박스 관리자의 알림을 확인할 수 있는 기능을 제공합니다. 이제 본격적으로 개인 전시관 설정을 안내하겠습니다.

[그림 5-54] 메타버스 개별 전시장 그룹 전시장 선택 메뉴

4) 개별 전시관 설정

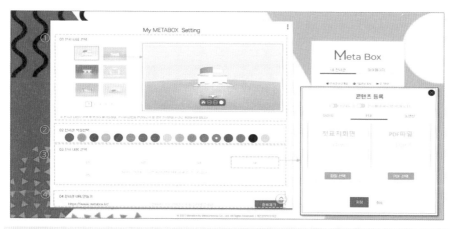

[그림 5-55] 메타버스 개별 전시관 설정

① 전시관 섬네일을 클릭하면 오른쪽 화면에 전시관별 전시 패널(개수, 가로형/세로형) 규격에 맞는 미리보기 화면이 나타납니다.

② 선택한 전시관은 색상을 변경할 수 있습니다.

③ 각 전시 패널 번호를 클릭하여 패널별로 콘텐츠를 등록할 수 있습니다. 이미지, PDF, 동영상 중 선택하여 업로드합니다.

PDF 파일 등록 시 왼쪽에는 첫 표지 화면 이미지를 올리고, 오른쪽 화면에 PDF 파일을 올리면 해당 패널에서 책 읽기 모드가 가능합니다.

'비워 두기' 옵션은 해당 패널을 빈 화면으로 설정하고 싶은 경우 클릭하여 활성화합니다.

'세로형 비율 유지'는 가로형 패널에 세로형 이미지를 등록하는 경우, 활성화를 클릭하면 세로 비율을 유지합니다.

④ 개별 전시관의 URL 주소를 만들고, 전시관을 공개로 설정하면 누구나 URL 접속 정보만으로도 해당 전시관 접속(관람)이 가능합니다.

[그림 5-56] 메타버스 개별 전시관 설정

⑤ 전시 제목, 전시 기간, 전시 내용을 입력합니다.

⑥ 전시관을 운영할 옵션을 설정할 수 있습니다. 오른쪽 전시관 예시처럼 전시관 화면에서 설정한 옵션을 활용합니다. '댓글형 대화창'과 '실시간 대화창' 기능은 둘 중 1개만 선택하여 운영할 수 있습니다.

⑦ 전시관은 공개 설정(전시관 URL을 알고 있는 누구나 접속하여 관람 가능)이 기본이며, '프라이빗 전시관 운영'을 활성화하면 전시관 접속 비밀번호가 생성되어 해당 접속 비밀번호를 알고 있는 이용자만 접속 (관람)이 가능합니다.

'그룹 전시 상시 허용'은 다른 메타박스 회원이 그룹 전시를 하기 위해 해당 전시관 ID 검색을 허용하고 그룹 전시에 참여를 허용하는 옵션입니다.

⑧ 전시 태그에 키워드를 입력하면 전시관 검색 시 해당 전시관을 검색결과에서 찾을 수 있게 해줍니다.

⑨ 전시관을 오픈한 후 이메일 또는 문자로 초대장을 발송할 수 있는 기능을 제공합니다. 이메일을 등록하면 옆에 보이는 초대장을 이메일로 발송해줍니다. 문자 탭을 선택하고 핸드폰 번호를 입력하면 카카오 알림톡으로 초대장을 발송할 수 있는 기능을 제공합니다.

[그림 5-57] 초대장 발송 기능

5) 개별 전시관 화면 구성

개별 전시관 설정 화면에서 전시관을 개설한 후 '관람' 버튼을 클릭하면 위와 같이 개설된 가상전시관으로 이동할 수 있습니다. 공개 전시관에는 전시관 주소를 알고 있는 누구나(비회원도 접속 가능) 입장할 수 있습니다.

화면 상단 중앙에서는 전시 제목을 확인할 수 있으며, 오른쪽 상단 끝에는 접속자 숫자와 해당 전시관에 '좋아요'를 클릭한 숫자가 보입니다.

'모바일 접속 QR코드'를 클릭하면 해낭 전시관의 QR코드를 확인할 수 있으며, 스마트폰으로 QR코드를 찍으면 모바일에서도 바로 접속이 가능합니다.

[그림 5-58] 전시장의 게시판 기능

전시관 운영 옵션에서 '전시장 방문로그창' 옵션을 활성화하면 왼쪽 중앙 화면에서 전시장 방문로그를 제공합니다. 방문로그창 위쪽에 있는 알림 아이콘을 클릭하면 전시관 화면에서 방문로그창을 열기/닫기를 할 수 있습니다.

[그림 5-59] 메타버스 세종학당 친구 초청 행사 메타박스 활용 사례2

전시관 운영 옵션에서 '댓글 대화창' 또는 '실시간 대화창' 옵션을 활성화하면, 오른쪽 중앙 화면에서 댓글 대화창 또는 실시간 대화창 기능을 제공합니다. 댓글 대화창과 실시간 대화창은 동시에 이용할 수 있으며, 댓글 대화창은 전시관에 올라온 댓글 리스트를 확인하고 답글을 작성할 수 있습니다. 실시간 대화창은 전시관에 접속한 회원들이 실시간으로 커뮤니케이션할 수 있는 채팅 기능을 제공합니다.

전시관 운영 옵션에서 '게시판 운영 설정'과 홍보용 링크 주소를 입력하면 홈페이지 하단에 '게시판', '홈페이지' 버튼이 생성됩니다.

전시관 하단의 '게시판' 버튼을 클릭하면 전시관에 관한 알림이나 질의응답을 할 수 있도록 게시판 기능을 제공합니다. 하단의 '웹사이트'를 클릭하면 전시관 운영 옵션에서 등록한 홍보용 웹사이트 링크로 연결됩니다.

6) 개별 전시관을 모아 그룹 전시관 만들기

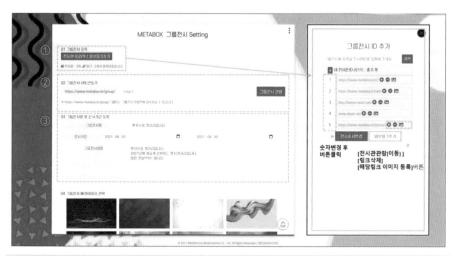

[그림 5-60] 그룹 전시장 등록하기

① 그룹 전시를 만들기 위해서 메타박스 내에 전시관 ID를 검색하거나 외부 링크를 추가합니다. 내 전시관 ID에서 추가하거나 다른 회원님의 전시관 ID를 검색하여 추가합니다.

다른 회원님의 전시관 ID를 검색하고 그룹 전시 승인이 나기를 기다려서 해당 회원이 수락하면 그룹 전시 추가가 가능합니다. 외부 링크를 등록하여 그룹 전시에 이용할 수 있습니다.

② 그룹 전시 URL을 생성하여 그룹 전시 링크로 활용할 수 있습니다. 그룹 전시관은 공개 전시만 가능하며, 프라이빗 전시는 운영할 수 없습니다. 해당 URL 주소를 알고 있는 누구나 접속(관람)이 가능합니다.

③ 그룹 전시명, 전시 기간 설정, 그룹 전시 내용을 등록합니다.

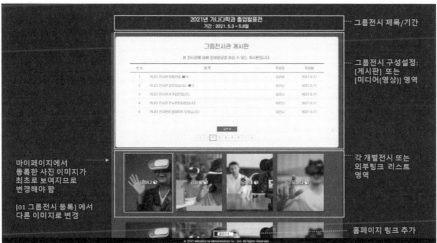

[그림 5-61] 그룹 전시장 첫 화면 구성하기

④ 그룹 전시의 배경 화면은 제공된 이미지를 선택하여 지정할 수 있으며,
'배경 이미지 추가' 버튼을 클릭하면 개인이 직접 이미지를 등록해 배경
화면 이미지를 변경할 수 있습니다.

⑤ 오른쪽에 보이는 그룹 전시 예시 화면처럼 그룹 전시 첫 화면의 레이아 웃을 용도에 맞게 변형하여 그룹 전시 화면을 수정할 수 있습니다.

[그림 5-62] 그룹 전시장 초대장 발송

⑥ 그룹 전시관을 오픈한 후 이메일 또는 문자로 초대장을 발송하는 기능 을 제공합니다. 문자 탭을 선택하여 핸드폰번호를 입력하면 카카오 알 림톡으로 초대장을 발송할 수 있습니다. 이메일 탭을 클릭하여 이메일을 등록하면 초대하려는 이메일 리스트로 그룹 전시 초대장을 발송합니다.

7) 그룹 전시관 화면 구성 후 게더타운에 연결하기

그룹 전시관 설정 화면에서 선택한 배경 이미지가 백그라운드 화면에 적용 됩니다. 그룹 전시관 설정 화면에서 등록한 전시 제목과 기간이 표시되고, 그 룹 전시관 첫 화면은 '그룹 전시 첫 화면 설정'에서 선택한 레이아웃 구성이 제공됩니다. '게시판형'이나 '미디어형 그룹 전시'를 선택했다면, 상단에 고정으로 게시판과 동영상 화면이 표시되고 그 아래쪽에 각 개별 전시 화면 리스트가 순서대로 나타납니다. '리스트형 그룹 전시'를 선택한 경우에는 개별 전시 리스트 화면만 제공됩니다. 개별 전시 섬네일 화면을 롤 오버하면 전시회 설명이 간략하게 제공되고, 개별 전시 섬네일을 클릭하면 해당 개별 전시관으로 이동할 수 있습니다.

개별 전시 섬네일 배경 이미지는 각 회원들이 '마이페이지'에 등록한 사진 이미지가 기본으로 적용되며, 해당 이미지는 그룹 전시 ID등록/추가 화면에서 변경합니다. 메타박스를 활용해서 개별 페이지를 구축하고, 구축한 3D 가상전시 링크를 웹사이트에 연동할 수 있습니다.

[그림 5-63] ZEP에서 가상전시관 바로 연동하고 콘텐츠 열람하기

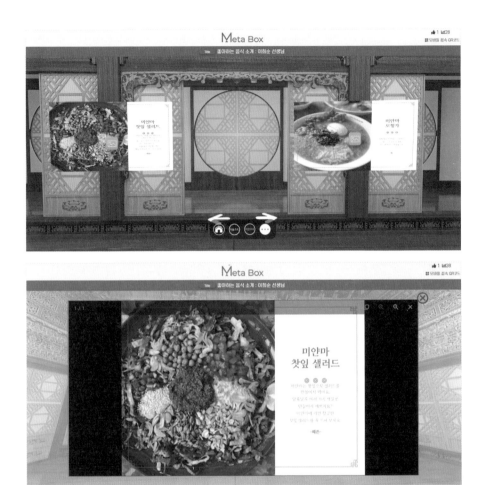

[그림 5-64] ZEP에서 가상전시관 바로 연동하고 콘텐츠 열람하기

VI

ZEP 활용 메타버스 수업 Q&A

VI. ZEP 활용 메타버스 수업 Q&A

메타버스 플랫폼에서 공간을 구성하는 기능을 익혀서 공간을 구성하는 것도 중요하지만, 이 공간을 어떻게 활용하느냐가 콘텐츠의 질을 결정합니다. 실제로 ZEP에서 공간을 구성하고 학생들과 수업을 진행했던 8명의 선생님이 수업을 하면서 궁금했던 점을 질문과 답변으로 해결했던 사례를 모았습니다. ZEP으로 학생들과 수업을 하기를 원하는 선생님들과 행사 기획자들에게 도움이 되기를 바랍니다.

1) 텍스트 오브젝트 디자인

질문: 텍스트 오브젝트의 색이 흰색만 가능한데, 배경에 맞게 색을 변경하거나 다른 디자인으로 글씨를 입력할 수는 없나요?

스페이스에 텍스트를 삽입하는 방법에는 크게 2가지가 있습니다. 한 가지 방법은 맵 에디터의 오브젝트, 텍스트 오브젝트 메뉴에서 원하는 텍스트를 입력하고, 삽입하기를 원하는 위치를 마우스로 클릭해서 텍스트를 삽입하는 방법입니다. 복잡한 준비 없이 오브젝트 크기를 미리 설정하여 원하는 크기의 텍스트를 오브젝트로 삽입합니다. 그러나 텍스트 오브젝트로 텍스트를 삽입할 때에는 색을 변경할 수 없습니다. 흰색 텍스트만 가능합니다. 또한 텍스트의 폰트를 변경할 수도 없습니다.

이런 제한점을 해결하기 위해서 텍스트를 이미지로 만들어 나의 오브젝트에서 오브젝트로 추가해서 삽입할 수 있습니다. 이미지를 만들 수 있는 프로그램을 사용하면 텍스트뿐 아니라 다양한 이모티콘까지 활용해서 텍스트 이미지를 제작할 수 있습니다. 파워포인트로도 간단하게 텍스트 이미지를 만들 수도 있지만, 미리캔버스(https://www.miricanvas.com/)나 캔바(https://www.canva.com)를 사용하면 다양한 디자인으로 글씨를 도안할 수 있습니다. 텍스트 이미지를 원하는 형태로 디자인하고 배경이 없는 PNG 파일로 저장한 다음 나의 오브젝트에 추가해서 사용하면 됩니다.

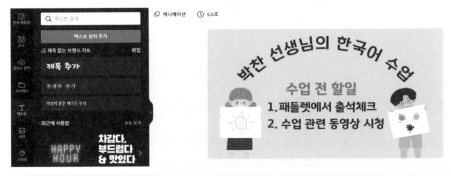

[그림 6-1] 캔바에서 텍스트 이미지 만들기

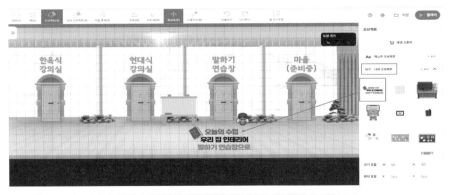

[그림 6-2] 텍스트 이미지 삽입하기

혹시 배경이 있는 이미지인데 배경을 없애고 그 안의 글자만 사용하기를 원한다면, 이미지 배경 제거 사이트(remove.bg)를 이용합니다. 인공지능이 배경을 삭제한 PNG 파일을 매우 간단하면서도 품질 좋게 만들어줍니다.

[그림 6-3] 이미지 제거 사이트에서 배경 삭제하기

2) 여러 개의 이미지 팝업 방안

질문: 오브젝트와 연동할 수 있는 이미지가 1개인데 여러 개의 이미지를 보여주고 싶을 때에는 어떻게 하면 좋은가요?

오브젝트와 연동하여 이미지 팝업으로 보여주는 것은 하나의 이미지만 가능합니다. 여러 개의 이미지가 합쳐진 PDF 파일은 오브젝트에서 연동해서 팝업처럼 띄울 수 없습니다. 이렇게 여러 개의 이미지를 하나의 오브젝트와 연동해서 띄우거나 파워포인트처럼 교사가 이미지뿐 아니라 설명이나 도형 등을 순차적으로 보여주고 싶은 경우 효과적으로 사용할 수 있는 도구가 구글 프레젠테이션입니다.

구글 프레젠테이션은 여러 페이지에 걸쳐 학생들에게 제시해주고 싶은 이미지 자료를 넣을 수 있습니다. 단순히 사진을 연결할 뿐 아니라 파워포인트와 같이 교사의 설명이 애니메이션으로 제시될 수도 있습니다. 구글 프레젠테이션으로 만든 문시는 공유 설정에서 링크가 있는 모든 사람에게 보기 권한으로 설정하여 공유하면 됩니다. 공유할 링크를 복사한 후 ZEP의 오브젝트 설정에서 웹사이트 열기를 선택하고 링크를 붙여넣기 합니다. 구글 프레젠테이션은 파일 형태로 공유하는 방식이 아니라 웹사이트 링크 형태로 공유하는 방식이기 때문에 별도의 저장 공간 필요 없이 바로 재생되면서 공유됩니다. 유튜브 영상도 구글 프레젠테이션에 링크로 삽입할 수 있고 시작 시간과 끝나는 시간도 설정할 수 있기 때문에 ZEP에서 공유하는 데 보다 편리하게 활용할 수 있습니다.

또한 구글 프레젠테이션으로 만든 문서는 링크로 공유하기 때문에 원본을 고치면 수정된 것이 바로 반영되는 특징이 있습니다.

[그림 6-4] 구글 프레젠테이션 공유하기

3) 빈 맵 배경 만들기

질문: 새로운 맵을 만들 때 빈 맵에 이미지를 배경으로 만들어서 사용하고 싶은데, 이미지 사이즈를 어떻게 해야 맵 공간에 맞게 배경이 만들어지나요?

맵 에디터를 실행해보면 ZEP 화면은 작은 타일로 구성되어 있고, 타일 하나의 사이즈는 32px×32px의 크기로 만들어져 있습니다. 이미지를 배경으로 하는 공간을 만들기 위해서는 얼마만 한 크기의 공간을 만들 것인지를 먼저 결정해야 합니다. 스페이스 만들기에서 빈 맵에서 시작을 선택하면 맵 크기는 너비가 32타일, 높이가 32타일인 정사각형 공간으로 배정됩니다. 이 공간을 가득 채우는 이미지로 배경을 만들기 위해서는 이미지의 폭을 1024px(32px×32px 타일)로 만들면 됩니다. 새로 만드는 맵의 크기는 맵 에디터에서 맵 크기 조정 메뉴를 선택하면, 타일의 개수 단위로 원하는 크기의 맵 사이즈를 만들 수 있습니다.

이미지 크기를 내가 원하는 픽셀 단위로 조절하여 만들기 원할 때에는 온라인 이미지 크기 조절 사이트(https://www.resizepixel.com/ko/resize-image/)를 활용하면 좋습니다. 내가 만들기를 원하는 이미지의 폭을 1024px로 변경한 뒤 저장해 빈 맵의 배경으로 사용합니다.

[그림 6-5] 이미지 사이즈 조절하기

    빈 맵의 배경을 자신이 제작한 이미지로 변경하는 방법은 맵 에디터의 바닥 메뉴에서 가능합니다. 먼저 맵의 크기가 내가 원하는 크기인지 확인합니다. 예시로 제작한 이미지의 폭은 1024px이기 때문에 맵의 폭은 32타일이면 되지만, 높이는 576px이기 때문에 맵의 높이를 18타일(576px÷32px)로 변경해야 합니다. 그런 다음 바닥에서 배경 화면 설정하기로 이미지를 추가해서 삽입하면 정확히 원하는 사이즈의 배경 이미지를 만들 수 있습니다.

[그림 6-6] 배경 화면을 이미지로 만들기

4) 스페이스에 새로운 영역 추가하기

질문: 템플릿으로 제공된 맵 스페이스나 제작되어 사용하고 있는 맵 스페이스에 추가로 다른 맵 스페이스를 붙여서 공간을 넓게 사용할 수 있나요?

외부 맵 스페이스에 있는 배경과 벽, 오브젝트와 타일 효과 등을 복사해서 내가 사용하고 있는 맵 스페이스에 붙여넣기 하는 방법으로 사용할 수는 없습니다. 대신 외부 맵 스페이스에서 필요한 부분의 디자인을 캡처해서 하나의 이미지로 저장하고, 그 이미지를 나의 오브젝트에 추가해서 빈 공간에 오브젝트를 배경 이미지처럼 삽입하여 활용할 수 있습니다. 이렇게 공간을 확장해서 사용하려면 먼저 맵 크기 조정으로 현재 사용하고 있는 스페이스의 공간의 크기를 확장합니다. 추가된 이미지 오브젝트의 타일에 오브젝트 설정으로 원하는 효과를 추가한다면 새로운 맵을 추가해서 사용하는 것과 유사한 효과를 얻을 수 있습니다.

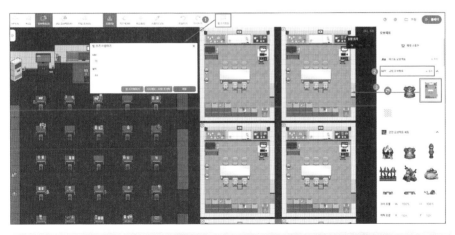

[그림 6-7] 이미지 오브젝트로 공간 확장하기

그리고 원래 사용하고 있던 공간에서 추가한 공간으로 이동하는 방법은 현재 맵에서 통과 불가 타일을 제거하고 이동할 수 있는 통로를 확보하는 방법이 있을 수 있지만, 포털 기능을 활용해서 두 공간을 연결하는 것이 좋습니다. 포털을 사용할 때에는 먼저 이동할 지점을 지정 영역을 설정하고 지정 영역으로 이동할 포털 효과를 지정합니다. 그리고 맵 내 지정 영역으로 이동을 선택하고 해당하는 지정 영역을 선택한 후 원하는 타일에 포털을 추가합니다.

이렇게 연결된 것은 포털을 이용해서 다른 스페이스로 이동하는 것과 달리, 점프해서 바로 새로운 공간으로 이동하게 되어 이동 시간이 절약됩니다. 또한 이동해야 할 공간으로 아직 이동하지 않은 학생들이 누구인지 알 수 있기 때문에 해당 공간으로 이동하도록 안내하는 것도 가능합니다.

디자인된 공간을 오브젝트로 삽입한 후에 특정 그림에 마치 오브젝트처럼 설정을 하여 사용하고 싶은 경우에는 나의 오브젝트에 있는 투명 오브젝트를 이미지 위에 삽입한 후 오브젝트 설정을 추가하면 마치 오브젝트가 삽입된 것과 같은 효과로 사용할 수 있습니다.

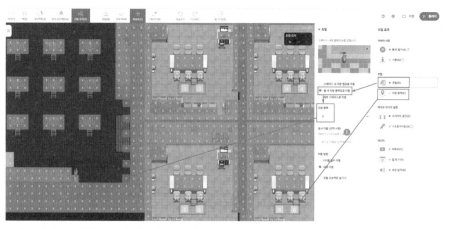

[그림 6-8] 맵 내 지정 영역으로 포털 만들기

5) 간단하게 해결되는 질문

질문: 학생 중에 오브젝트와 연동된 것을 실행하기 위해 키보드 F 버튼을 누르라고 하는데 안 된다면서 채팅으로 F를 계속 쓰네요. 어떻게 해야 하나요?

플레이 화면에서 오브젝트와 연동된 설정을 실행하지 못하는 것은 채팅창을 활성화한 채팅 입력 모드이기 때문입니다. 이 경우 채팅창에 'F'가 기록됩니다. 화면을 마우스로 클릭하면 채팅 모드에서 플레이 모드로 전환되어 오브젝트와 연동된 콘텐츠를 실행할 수 있습니다.

질문: 미디어를 추가하거나 오브젝트에 연동한 유튜브를 실행할 때 광고가 재생되나요?

ZEP에서 미디어 추가나 오브젝트와 연동하여 실행하는 유튜브는 광고가 재생되지 않습니다. 유튜브 영상이 임베드되어 플레이되기 때문에 광고가 재생되지 않아 학생들과 수업할 때 좋습니다.

질문: 관리자가 스포트라이트 기능을 켜고 포털을 통해 다른 공간으로 이동해도 스포트라이트 기능이 유지되나요?

다른 공간으로 이동해도 관리자가 설정한 스포트라이트 기능이 유지됩니다. 포털을 통해 아바타가 이동해도 스포트라이트가 계속 유지되어 학생들에게 화면을 공유하거나 전체에게 이야기하면서 수업할 수 있습니다.

질문: 배경으로 삽입된 음악이 계속 흘러나오는데 음악을 끌 수 있나요?

배경음악을 끌 수는 없지만, 설정의 기타 설정에서 스페이스 배경음악 볼륨을 조절할 수 있습니다. 이렇게 줄인 음악은 참여자 전체에 영향을 주는 것이 아니라 자신의 디바이스에서만 배경음악 볼륨이 조절되는 것입니다. 따라서 맵 에디터에서 배경음악을 삭제하거나 학생들에게 배경음악 볼륨을 조절하는 방법을 알려주어야 합니다.

질문: 프라이빗 공간에서 스포트라이트가 된 상태로 이야기하면 다른 프라이빗 공간에 있는 사람에게도 들리나요?

프라이빗 공간이라 할지라도 스포트라이트 상태라면 모든 참여자에게 소리가 들려서 조별로 의견을 나누는 데 방해가 될 수 있습니다. 따라서 교사는 스포트라이트 상태를 상황에 맞게 적절히 조절해야 합니다.

교사가 스포트라이트 상태를 유지한 채 조별로 이야기하고 있는 학생들을 피드백하기 위해 조별 프라이빗 공간에서 이야기를 하면 다른 프라이빗 공간에 있는 학생들에게도 소리가 들립니다. 따라서 조별로 활동할 때에는 전체 공지나 안내가 끝나면 스포트라이트를 해제하고 조별 프라이빗 공간으로 이동해서 피드백해야 합니다.

질문: 조별로 프라이빗 공간에서 이야기하다가 전체에게 발표하게 하려면 어떻게 하는 것이 좋을까요?

프라이빗 공간 바깥이나 가까운 곳에 스포트라이트 공간을 만들어놓으면 됩니다. 학생들이 학교에서 발표하기 위해 마이크가 있는 곳으로 나오거나 교탁 앞으로 나오는 것과 유사하게 스포트라이트 공간을 알려주는 오브젝트를 설치합니다. 전체에게 발표하는 학생들이 스포트라이트 타일 효과가 적용된 오브젝트로 이동하여 발표하도록 할 수 있습니다.

질문: 노트북이라 모니터가 1개일 때 화면을 공유해서 자료를 보여주면 ZEP 에 있는 학생들 모습을 볼 수 없는데 해결 방법이 있나요?

노트북이나 PC의 경우 이동식 모니터를 구입해서 듀얼 모니터로 사용하면 좋습니다. 보조 모니터 화면을 공유하면 메인 모니터에 있는 ZEP 공간의 학생 모습을 볼 수 있습니다.

또는 태블릿이나 패드, 스마트폰을 활용해 참관자 관점으로 접속하는 것도 해결책이 됩니다. 스마트 디바이스로 ZEP에 접속하고 공유하는 화면을 축소하면 ZEP에 있는 학생들의 모습을 관찰하는 것이 가능합니다. 이때 유의할 사항은 스마트 디바이스의 마이크와 스피커 오디오를 비활성화해야 한다는 것입니다. 그러지 않으면 한 공간에서 2개의 디바이스를 사용하기 때문에 하울링 현상이 발생할 수 있습니다.

질문: ZEP에서 학생들과 수업하는 모습을 녹화하고 싶은데 좋은 방법이 있을까요?

컴퓨터에서 수업하면서 무료로 쉽게 사용할 수 있는 녹화 프로그램인 OBS를 설치해서 화면을 녹화하면 됩니다. 또한 윈도우10에서는 기본적으로 화면을 녹화하는 기능을 제공합니다. 윈도우 키와 G키(⊞ + Ｇ)를 누르면 녹화 기능이 활성화됩니다. 교사가 마이크로 이야기하는 것까지 선택해서 녹화하면 쉽게 녹화할 수 있습니다.

태블릿이나 아이패드가 있다면 수업의 참관자로 접속해서 녹화하는 것도 좋은 방법입니다. 모바일 기기에 녹화 기능이 있으므로 쉽게 수업 장면을 녹화하는 것이 가능합니다.

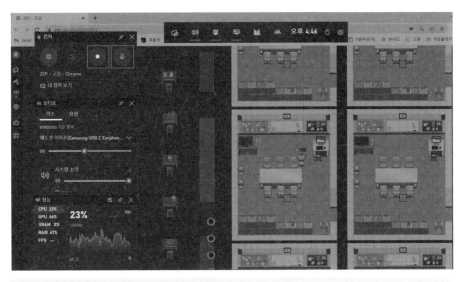

[그림 6-9] 윈도우 녹화 기능 사용하기

질문: 추가한 미디어의 크기를 관리자가 크게 확대해서 보면 다른 학생들의 화면에서도 확대되나요?

관리자가 미디어 추가로 삽입된 미디어의 확대 버튼을 눌러서 크기를 키워도 학생의 화면에서는 변화가 없습니다. 학생 개인이 크게 보고 싶으면 각자 확대 버튼으로 크기를 키워야 합니다.

질문: 조별로 활동하도록 프라이빗 공간을 만들었는데, 학생들이 돌아다녀서 다른 조의 프라이빗 공간으로 이동하느라 수업이 잘 진행되지 않을 때가 있습니다. 어떻게 해야 하나요?

메타버스 활용을 위한 에티켓과 활용 방법에 관한 사전 교육이 필요합니다. 학생들에게 조별 활동을 할 때에는 돌아다니면 안 된다고 계속 언급해서 수업에 집중할 수 있도록 지도합니다. 학생들도 메타버스 공간이 새롭고 신기해서 탐색하는 경우가 있습니다. 키보드 X키를 누르면 아바타가 앉는 모양이 되는데 조별로 활동할 때에는 그렇게 앉으라고 지도하고, 교사가 다른 안내를 하기 전까지 프라이빗 공간에서 움직이지 않도록 해야 합니다.

그리고 조별 프라이빗 공간을 타일 효과로 설정할 때 다른 프라이빗 공간과 너무 인접해서 설치하지 말고 프라이빗 공간 사이에 여유를 두어야 합니다. 학생들이 조금만 이동해도 다른 조의 프라이빗 공간으로 들어갈 수 있으므로 프라이빗 공간을 분리하는 것이 좋습니다. 그리고 필요하면 통과 불가 타일을 중간에 설치해서 다른 조의 프라이빗 공간으로 쉽게 이동하지 않도록 공간을 구성해도 좋습니다.

질문: 오브젝트를 삽입하고 오브젝트 설정을 할 때 실행 범위는 수정할 필요가 있나요?

오브젝트의 실행 범위는 교사가 활용 의도에 맞게 수정하면 됩니다. 실행 범위는 0이 초기에 설정된 값입니다. 아바타가 오브젝트에 근접할 때만 오브젝트에 설정된 것을 실행할 수 있습니다. 실행 범위 숫자가 커지면 그만큼 오브젝트와 떨어져 있어도 오브젝트에 설정된 기능을 실행할 수 있게 됩니다. 반드시 학생들이 실행해야 하거나 많은 학생이 참여하여 오브젝트가 가려질 수 있는 경우, 오브젝트 실행 범위의 값을 조금 크게 하면 접근하는 아바타들이 쉽게 오브젝트와 연동된 콘텐츠를 실행할 수 있습니다.

질문: 미디어를 추가할 수 있도록 유저의 임베드 기능을 활성화해서 학생들이 미디어를 추가하게 하면 플레이 공간에 미디어가 여러 개 추가되어 삽입되나요? 추가된 미디어 삭제는 누가 할 수 있나요?

미디어 추가는 하나의 공간에 1개만 추가되는 것이 아니라 추가하는 만큼 모두 삽입됩니다. 따라서 학생들이 미디어를 추가하는 것이 신기하고 재미있어서 여러 미디어를 추가하다 보면 강의장이 혼란스러워질 수 있습니다. 꼭 필요한 경우에만 임베드 기능을 활성화하는 것이 좋습니다.

추가된 미디어는 미디어를 추가한 유저 자신이 삭제할 수 있고 관리자는 모든 미디어를 삭제할 수 있습니다. 그리고 관리자는 호스트 메뉴에서 추가된 임베드 지우기로 삭제가 가능합니다.

질문: 학생들과 채팅한 내용은 저장하여 볼 수 있나요? 그리고 다른 공간에 서 나눈 채팅도 동시에 다운로드가 가능한가요?

플레이 상태에서 오른쪽 아래에 있는 호스트 메뉴에 들어가면 채팅 기록 다운로드 항목이 있습니다. 여기서 채팅한 내용을 모두 다운로드할 수 있습니다. 다운로드한 텍스트 파일에는 채팅 내용뿐 아니라 채팅 글을 기록한 사람까지 표시됩니다. 그러나 다른 스페이스에서 나눈 채팅 내용은 해당 스페이스로 이동하여 채팅 기록을 다운로드해야 합니다.

부록

메타버스 교사에게 필요한 역량 체크리스트

1. 온라인 교육 도구 활용

① 텍스트, 그림, 사운드, 영상을 사용하여 멀티미디어를 만들 수 있다.
   (예: 동영상, 쇼트 미디어)

② 온라인 화상 프로그램을 능숙하게 사용할 수 있다.
   (예: Zoom, Webex, Google meet, 등)

③ 중요한 최신 교육 기술이 나올 때마다 꾸준히 습득하고 교실 환경에 적용해 왔다.

④ 온라인 수업에서 발생하는 오류(카메라, 마이크) 등을 해결할 수 있다.

2. 테크놀로지 교육학 지식

① 학생들의 학습 능력을 키울 수 있도록 테크놀로지를 선택하고 활용해왔다.

② 학생 평가에 사용할 퀴즈 개발 테크놀로지를 선택하고 활용한 적이 있다.

③ 저작권과 관련해 윤리적으로 테크놀로지를 사용하도록 학생들을 안내할 수 있다.

3. 메타버스 수업에 대한 기본 지식

① 메타버스에서 간단한 수업을 스스로 진행해본 적이 있다.

② 메타버스를 이용해서 학습 게임을 만들 수 있다.

③ 메타버스를 이용해서 학습자 간 소통을 만들 수 있다.

④ 메타버스를 이용해서 과제 활동을 할 수 있다.

⑤ 메타버스를 이용해서 학습자와 상호작용을 수월하게 할 수 있다.